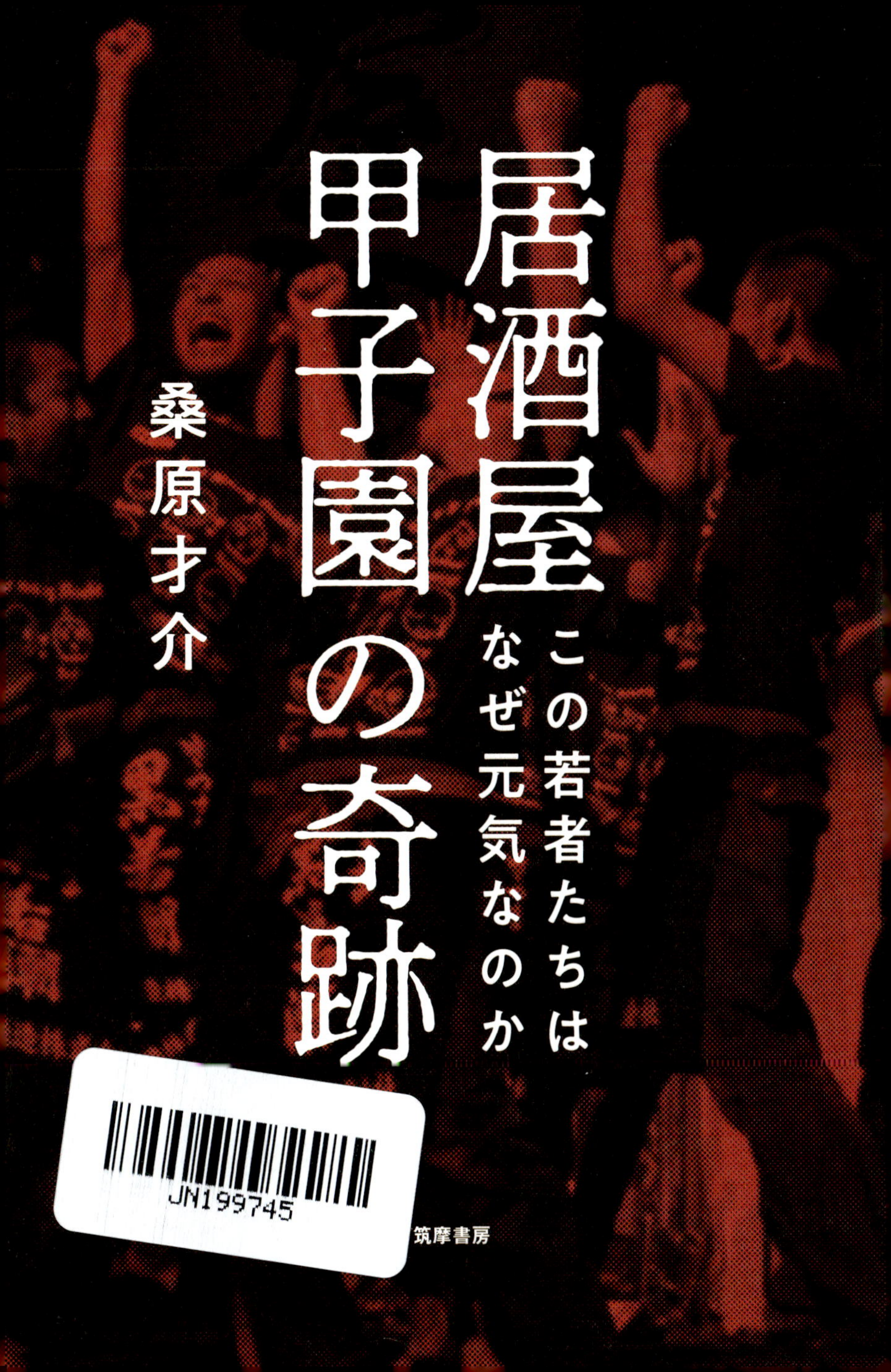

居酒屋甲子園の奇跡

この若者たちは
なぜ元気なのか

桑原才介

筑摩書房

居酒屋甲子園の奇跡

もくじ

1 居酒屋甲子園の誕生

4　走り続ける卒業生たち

5 他業界への波及と影響

6 居酒屋甲子園とは何なのか

居酒屋甲子園
NPO法人
6th IZAKAYAKOUSHIEN
第6回
居酒屋
2011

居酒屋甲子園
2016.11.15

清 酒

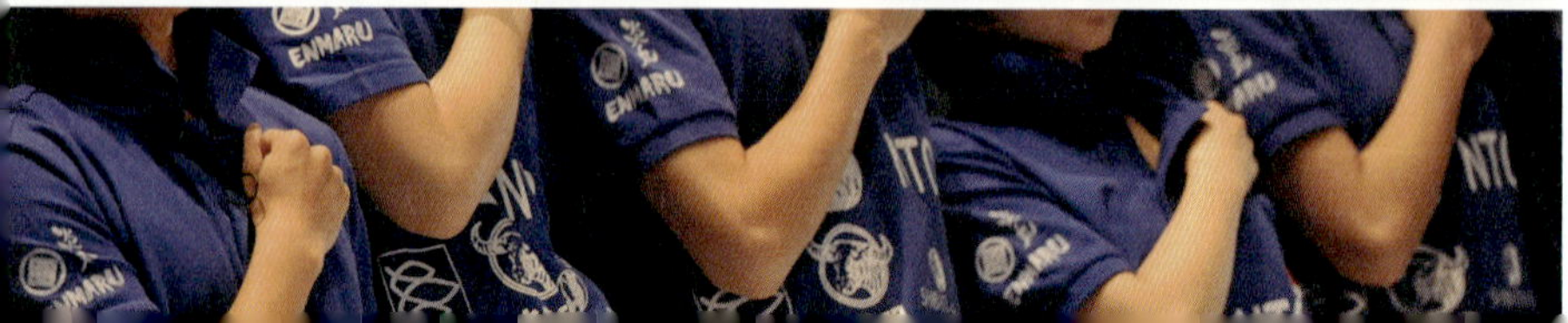
ENMARU

PRISON
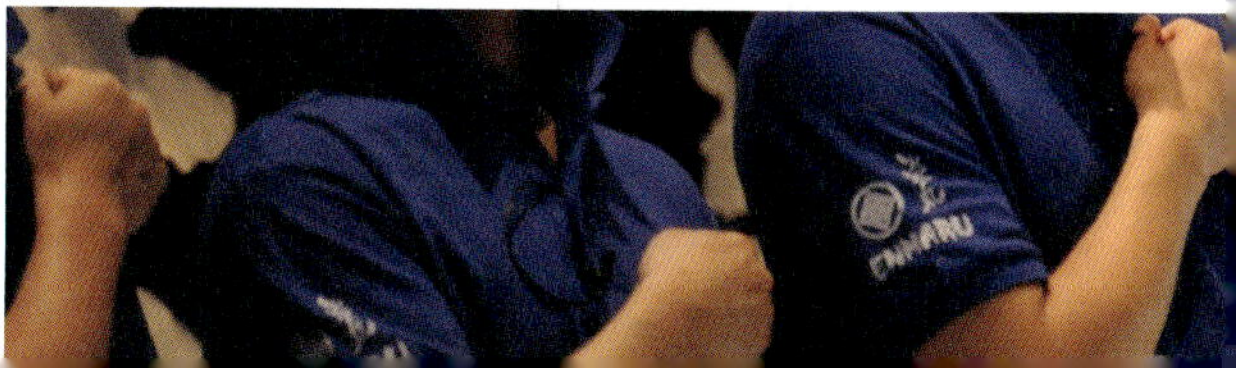

What
is
your
CORE?

居酒屋甲子園の奇跡

この若者たちはなぜ元気なのか

プロローグ

２０１７年11月14日、午前10時。

パシフィコ横浜のゲート前にはすでに大勢の人が開場を待っている。

カウントダウンと同時にロープが解かれ、一群の若者たちがわれ先にと入場し、席を埋めていく。まるでアイドルのコンサート風景のようだが、彼らの多くは居酒屋で働く店員たちだ。これからこの場所で、居酒屋甲子園全国大会が開かれる。

居酒屋甲子園は、12年前に居酒屋日本一を決める大会として始まった。全国各地の繁盛店がわれこそはと名乗りを上げ、予選を勝ち抜いて、このパシフィコの壇上を目指す。そしてその全国大会の勇姿を見に、全国の居酒屋関係者が集結するのである。

今年はどんな店舗がステージにあがり、何を語るのか。客席の若者たちの顔が期待にあふれている。会場の熱気に、私は自分がまるで場違いなところに迷い込んでしまった気さえした。ギターの爆音の中、地区大会で優勝した12店舗が優勝旗を手にステージに登場する。会場を埋め尽くす観客を前に、若き居酒屋店主たちはみな誇らしげだ。

じつにいい表情だ、と思った。

2006年の第1回大会は、2000名の観客が日比谷公会堂を埋めた。第2回以降、5000名収容のパシフィコ横浜に会場を移し、やはり毎年満席になる。

当時の参加店舗は236、スポンサーとなるサポーター企業は60社だった。いまや、エントリーする店舗は1765、サポーター企業は140社を超える。

エントリーは無料ではない。参加料を納めて、覆面調査を受ける。一般のお客として来店した調査員が、電話対応から入店時の接客、料理の提供時間、清潔度まで、約50の項目をチェックする。結果は点数化され、3回の合計得点で勝ち抜く店舗が決まる。これが予選だ。うちの店が一番、という経営者の自負だけでは勝ち上がれない。日頃の営業における顧客満足度が問われているのである。

最終的に全国大会の壇上進出が決まると、20分間のプレゼンで自店の取り組み、日々の営業に向かう想いを観客に訴える。どんな失敗をしたか、なぜだめだったのか、仲間同士で話し合い、試行錯誤の末にどんな工夫をこらし、どんな想いで日々店の営業に向かっているかを、スタッフが交代で発表する。

接客、調理のこだわりだけではない、スタッフ教育の仕組み、チーム作りの成功事例、地域や生産者とのつながり方、挙句には原価率まで、店の経営のすべてを気持ちよく公開する。ノウハウはビジネスの核心だ。肝心なところはたいてい秘密にしたがるものだが、彼らにそんな様子が微塵もないことに驚いた。

それ以上に、壇上のスタッフたちの自信に満ちた姿に、素直に感動した。10代、20代のアルバイトも、店長も料理長も経営者も、等しく壇上に並んで、仕事の素晴らしさ、面白さを熱く語る。こんなイベントがこれまであっただろうか？

居酒屋が好きだ。居酒屋という仕事が好きだ。お客様に笑ってもらえて、喜んでもらえることが何より楽しい――。彼ら、彼女らが壇上で語るあまりに直截な言葉に、私もいつしか、そうだ、その通りだ、と心のなかで快哉をあげていた。

私と同じように、共感と驚きをもって5店舗のプレゼンを聞いた観客の投票によって、最終的に日本一が決められる。全店舗がステージを降りて客席を通って退場する。敗れた者にも、惜しみない拍手が送られる。

優勝した店舗が最後の挨拶で、「同じ居酒屋という舞台で働く仲間として」と聴衆に語りかけた言葉が印象的だった。業界が集まってイベントをする例がほかにないわけではない。セミナーや勉強会の案内は私のところにも続々と届く。だが、参加者がこのような生き生きした表情をするイベントは他にはないし、同業者のことを「仲間」と呼ぶ集まりもないだろう。

居酒屋甲子園の集まり方は、明らかに何かがちがう。

私は長年、外食産業の周辺を取材してきたが、こんな集まりや交流の仕方は、居酒屋業界にもどんな業界にもなかった。

いったい彼らを突き動かしているものは何なのか。

彼らはなぜ、このように生き生きと、晴れやかな顔をしているのか。

居酒屋甲子園の大会を見て、自分たちも同じようなイベントをしたいと他業界に拡がる動きがあるという。介護、旅館、エステ、建設職人、パチンコ、会計事務所、トラックドライバー……多くの業界が居酒屋甲子園にならった自分たちの甲子園をつくりだしている。まちがいなく、居酒屋甲子園の空気に彼らは共鳴しているのだ。

その共鳴は、海外にまでおよんでいる。日本に経営やオペレーションを学びに来た中国の飲食企業が、居酒屋甲子園を見学した。いたく感激したもようで、翌年、翌々年と見学したいという企業が増えていき、250人が大挙して全国大会の観戦に来るようになった。そうなるとぜひ中国でもやりたいと、2015年に中国版居酒屋甲子園「中国好餐庁」が上海で開催された。覆面調査から書類審査まで、仕組みは日本の居酒屋甲子園をそっくりそのまま使い、初年度から10

00店舗のエントリーがあったという。

業界を越え、国境を越えていく。

いったい、居酒屋甲子園の何がこのように伝染していくのだろう。


彼らを取り巻く居酒屋業界の状況は、かならずしもよいとは言えない。

80年代、90年代にフランチャイズによって急速に店舗拡大し、株式を上場して外食の「産業化」を牽引していたかつてのプレイヤーたちも、2000年代に入ると失速し、元気だったころの面影はもはやない。

長引く不況、人口減に高齢化、若年層の酒離れ、コンビニやスーパーなどの中食の拡大、ちょい飲みに代表される低価格化、食材価格の高騰、人件費の上昇、長時間労働の問題……業界が抱える問題を数え上げればきりがない。いや、これはもはや業界の問題ではなく、日本社会全体の問題だ。

今日の社会で、若者が置かれた立場も分がよくない。覇気がない、志がない、夢がない、元気がない、我慢ができない、根性がないと、低欲望社会の元凶のように言われ、あたかも社会の問題をすべて押しつけられているかに見える。若者が叩かれるのは、私自身が若者だった半世紀前から変わらない世の常ではあるが、あまりにもヒステリックに見える。

居酒屋甲子園の会場の一隅にいると、なにかまったく別の社会や風景を見ているような気分にさせられる。ただ、これが何を意味するのか、私にはにわかに理解できなかった。
なぜ彼らはこのように元気なのだろう。
何を求めて、彼らはここに集うのか。
若者たちの心を摑み、魅了しつづける居酒屋甲子園とは、一体何なのか。
その誕生から探ってみたいと思う。

1 居酒屋甲子園の誕生

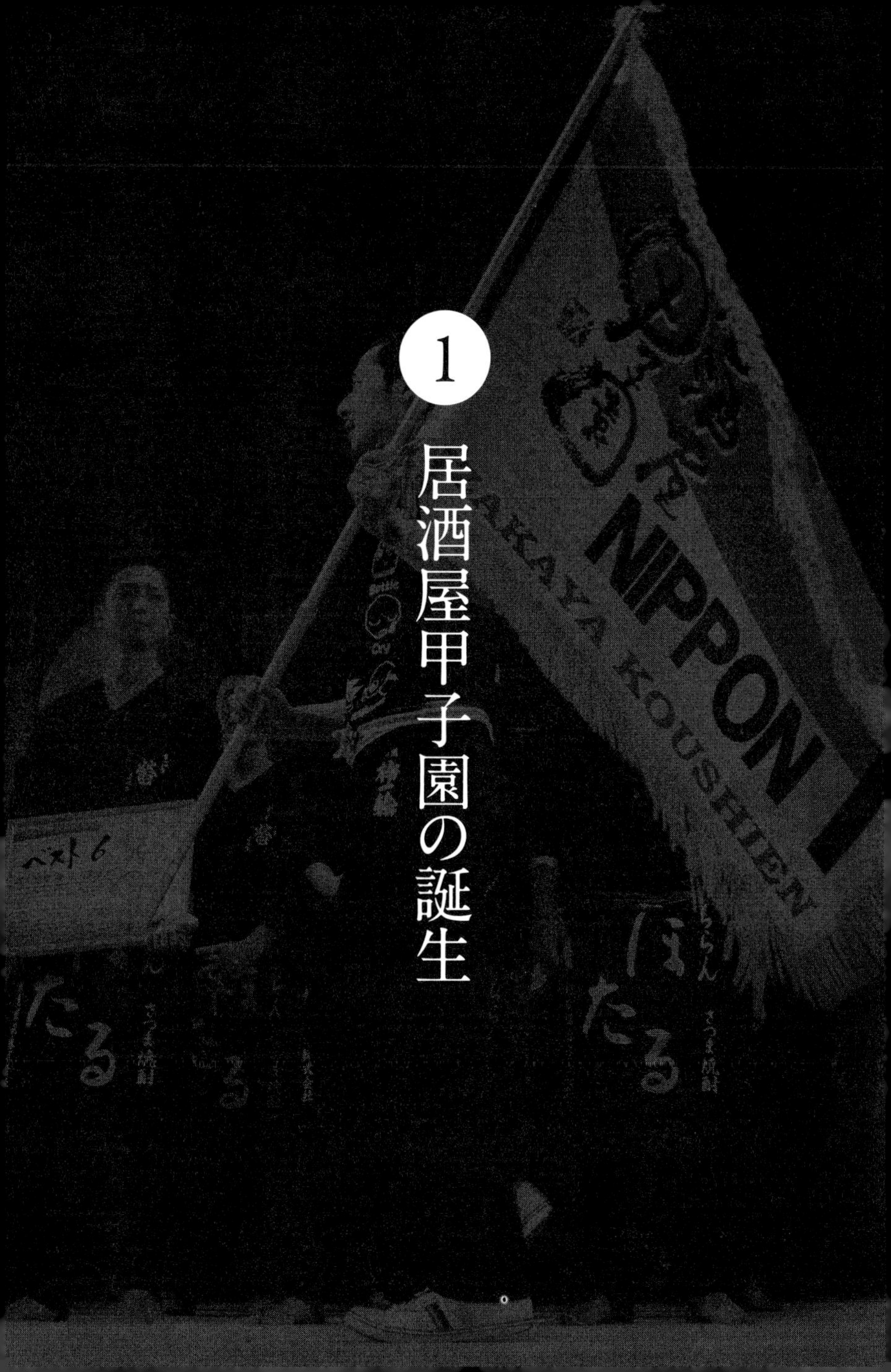

それは一人の想いから始まった

野球少年の挫折

それは一人の野球少年の挫折物語から始まる。

彼は少年野球チームのキャッチャーとして活躍した。その野球センスはもちろん、いつも人一倍大きな声で仲間を励まし、笑顔でチームを活気づかせる統率力が注目されていた。彼が中心となったチームは愛知県大会3位にまでレベルがあがり、当時、あのイチローが所属していたチームにも勝利したことがある。それはいまでも彼の誇りだ。

小学校3年生のころ、父親が突然亡くなった。警察官だった父親の葬儀には、大勢の同僚が参列し、口々に「ありがとう」と言う。それを聞きながら、少年は父の偉大さを誇らしく思った。

やがて母親が勤めに出るようになり、近所に住む祖父母が何くれと面倒を見てくれた。その祖母は銭湯を営み、祖父は喫茶店を経営していた。この祖父もまた人望が厚く、祖父を慕って訪れるお客でいつもにぎわっていた。少年は自分もいつかこんな店をやりたいと憧れた。

しかしこの頃の少年は野球に夢中だった。周りの誰もがこの野球少年の将来に期待を寄せた。彼も本気で甲子園球児になることを夢見ていた。

少年野球で活躍していた彼は、中学に進学し、鳴り物入りで野球部に入った。ところがなぜか、成長が止まってしまう。身長も野球の技術もチームメイトにどんどん追い抜かれていく。肩の強さが自慢だったのに、気づけば人並みでしかない。もうだめだ。少年は失意の底に沈み、野球から離れてしまう。でも自分から野球を取ったら何が残るんだろう。

何もする気が起こらず、受験にも失敗し、滑り止めだった私立の男子校に入学する。高校生になると、いったん止まった成長が突如始まり、背も伸びた。しかし、いまさら野球をやろうという気にはなれなかった。甲子園はあきらめた夢だ。自分には甲子園を目指すような才能はない。いや、そもそも自分に何か才能なんかあるんだろうか――。一度味わった挫折は少年の心をコンプレックスで覆いつくしてしまった。

少年の名は大嶋啓介。

のちに居酒屋甲子園を立ち上げることになる男だ。

本気の朝礼

「○月○日、ただいまから日本一の朝礼を始めます。おはようございます！」

「おはようございます！」

店長の号令を皮切りに、「居酒屋てっぺん」の朝礼は始まる。居酒屋甲子園を立ち上げる前に、大嶋啓介の名を一躍世に知らしめたのはこの朝礼だ。朝礼と言っても朝ではなく、開店前の夕方に行なわれる。

「本気の朝礼」と大嶋は呼ぶ。まずは黙想。目を閉じ、自分はどうありたいか、どうなりたいか。今日の自分、明日の自分、5年後、10年後の自分を思い描く。時間は長くない。瞬間的に店員たちの集中力が高まるのがわかる。

それが終わるとスピーチ訓練に移る。テーマが発表されると、「ハイ!」と全員が我先にと挙手する。ためらう者はいない。当てられた者がテーマにそって1分間のスピーチをする。感謝がテーマであれば、親への感謝、仲間への感謝をエピソードを交えながら、やはり声を張り上げて語る。周りのスタッフはひと言も聞き逃すまいと耳をそばだてる。聞くこともまたこの訓練の一つだ。話し終わると拍手で承認を伝える。

次はナンバーワン宣言。「私は笑顔日本一で行きます!」「ぼくは生ビールの注ぎ方日本一で行きます!」と、順に今日の目標を述べていく。何の日本一で行くのか内容が問われることはない。ここでは宣言することに意味がある。宣言は自分との約束、仲間との約束だ。これによって責任感が生まれ、行動が変わる。

その後は、ハイ訓練、挨拶訓練とつづく。店長のリードに合わせて、「ハイ」、ハイ、「おはようございます」、おはようございます、と皆がリズムよく反復していく。まるで踊りでも踊っているかのような躍動感が生まれ、朝礼の場は一体感と高揚感に包まれる。

「では本日の朝礼を終わります!」

掛け声を合図に全員が互いに固い握手を交わして持ち場につく。見学に来ていた人々を「いらっしゃいませ！」と朝礼の勢いそのままにお客として迎える。

「人が能力を発揮できるかどうかはその人の状態によります。疲れていたり落ち込んでいても、朝礼を終えると状態が上がっているのでスムーズに仕事に入れるんです」と大嶋は解説する。「スポーツの試合の前に円陣を組んで気合いを入れるじゃないですか。あれと同じですよ。やっぱりスカッとしますし、営業に入る前にもやもやした気持ちを切り替えてほしいんです」

朝礼はもともと店員のモチベーションを高めるために始めたものだが、大嶋はそれを一般公開して有名になった。公開するだけではない。見学に来た人に朝礼への参加を促す。傍目に見ているだけだと度肝を抜かれるが、参加した人々は口々に楽しかったと言う。

「魔法みたいですよ」と朝礼体験者は言う。「たしかに元気になるんです」

個人を元気にするだけではなく、チーム全体に活気が出る。連携もスムーズになり、一丸となって目標に向かえるようになる。「最強のチームづくり」として大嶋の朝礼はテレビや雑誌で取り上げられ、全国に知れ渡った。

「かぶらや」での転機

自分の才能を信じられなくなった少年が、「本気の朝礼」を始めるまでには紆余曲折があった。

高校を卒業した大嶋は、そのまま付属の大学に進み、電気工学を専攻した。格別好きだったわけではなく、自分の成績で行ける一番いい学部だったのだ。

大学卒業を機に、かつて憧れた祖父の喫茶店のように、自分も飲食で店を持ちたいとぼんやり思っていた。しかし自分にはできないのではないかとの弱気もあった。しょせん自分は野球をあきらめた人間だ、無理だ――。一度しみついた言い訳ぐせはなかなか離れない。それなら一度はサラリーマンを経験しようと、東京へ出て電子部品を扱う会社の営業職につく。

これが合わなかった。やってもやっても結果が出ない。営業に時間がかかるのは当然なのだが、辞めたいという気持ちばかりが募った。結局その仕事から逃げ出し会社を辞めた。地元に戻った彼はやがて飲食でやり直す決意を固めていった。

1年かけて全国の居酒屋を見て回り、名古屋で広く居酒屋を展開している「かぶらや」グループの世話になることに決めた。ここなら厳しく指導してもらえるだろうと期待を胸に入社した。それなりの決意をもってがむしゃらに働いた。半年でアルバイトから社員になり、ついに新規店舗の店長に大抜擢されることになった。アルバイトで入社してまだ8カ月だ。

夢に一歩近づきはしたものの、店長となるとがむしゃらなだけでは通用しない。しかもオープン店長という緊張感から体調を崩してしまう。スタッフはどんどん辞めてゆく、年長の調理人とはまともに話もできない、ホールもキッチンもばらばら、店の運営は大混乱に陥った。

「やっぱりだめだ」

コンプレックスはここでも顔を出した。ぼくは店長にも飲食業にも向いてないんだと弱気の虫がうずき、社長に店長辞退を申し入れた。

かぶらやの岡田社長は違う見方をしていた。大嶋にはどこか人をひきつける独特な魅力がある。このまま外すには惜しい。そこで大嶋の申し入れをすぐには受けず、「苦労は買ってでもしろ。成長するために来たのだろう。逃げてはいかん」と叱咤激励し、リーダーシップ研修に参加してみてから判断してはどうか、と提案した。その研修にはすべての店長に行ってもらっているから、と。

その研修会のことは大嶋も知っていた。社長の指示で3日間の研修に参加した店長たちは、みな人が変わったように元気になって戻ってきた。大嶋にはそれがかえって不気味なものに思えた。「壺でも買わされるんじゃないかと思ったんですよ」と大嶋は笑う。しかし世話になっている社長の勧めでもあり、覗いてみることにした。

最初はやはりその独特な雰囲気に馴染むことができなかった。いますぐ帰りたい。しかし慣れるにつれて少しずつ自分の中で抵抗しているものの、何かが引っかかっていることに気がついた。

3日目に、自分が本当に欲しいものは何かを問い詰める作業があった。車なのか、お金なのか、自分の店なのか。問うた先に、子どもの頃、野球でチームメイトとともに日本一になる夢を追いかけたことを思い出した。あの瞬間の胸の高まり、熱気と喜びがこみ上げてきた。

そうだ、自分はもう一度チームを、最強のチームをつくりたい。

本気で熱くなれる仲間がほしい——

それに気づくと、自分のことがクリアに見えてきた。店長とは言いながら、スタッフと本気で向き合っていなかった。自分のことしか考えていなかった。本気でないリーダーに誰もついてくるわけがない。

やりたくて店長になった。でも店長になることがゴールじゃない。父や祖父のように慕われて、人が集まるいい店をつくることだ。そのためには熱い仲間が、チームが必要だ。

自分の価値、仕事の意味、すべてがクリアに見えてきた。研修が終わる頃には大嶋は、たしかに元気になっていた。

「朝礼」の開発

自分の店に戻った大嶋は、まずスタッフに謝罪した。自分のひとりよがりを反省し、この店をよくしたいという本気を伝えた。朝まで話し合い、熱い想いを訴えた。

想いはわかるがついていけない、と去っていくスタッフもいた。だがそれも本気で向き合った結果だ。やむをえない。大嶋は前を向いた。

大嶋の熱意に少しずつ店は一体感を見せるようになった。なかでも初めは拒んでいた料理長の協力は大きかった。しかしまだ何かが足りない。

そこで彼は、自分が自信を取り戻すきっかけとなった研修での体験を仲間にも追体験してもらおうと考えた。そのままではなく、甲子園球児がよくやるイメージトレーニングなど、自分なりの工夫を加えて開発されたのが、のちに彼の名を一躍知らしめることになる「朝礼」である。

その一方で、彼は休みの日を使って繁盛店を訪ね、店長にそれぞれの店のやり方を取材して回った。

どうやったらスタッフのやる気を引き出せるのか。

いかにしてチームをまとめるのか。

店長会議では何を話すのか。

どの店長も忙しいなか、大嶋の質問に快く答えてくれた。大嶋は気の合う店長たちと集まっては勉強会と称する飲み会で仲間の輪を広げていく。

そのなかで出会った一人が、同じ愛知でひときわ目立つ存在だった居酒屋「炙一丁」の店長・赤塚元気だ。

赤塚が仕切る「朝礼」を目の当たりにして、大嶋は衝撃を受ける。きっちり整列したスタッフ全員が、掛け声、合い言葉、挨拶を、大きな声で唱和する。誰もが腹から声を出し、それをみな本気で楽しんでいる様子が伝わってくる。

なかでも全員でリズムよく「ハイ」をくり返す訓練は、高校球児がランニングのときにする掛け声に似て、熱量が上がっていくのがわかる。見ている大嶋も熱くなった。

圧倒的な一体感、本気度、エネルギー……。

こんなチームをつくりたい、負けたくない。

大嶋は、赤塚の朝礼を一部取り入れながら「本気の朝礼」を磨き上げていくことになる。

店は繁盛店に生まれ変わった。かぶらやグループ内での業績もトップに躍り出た。大嶋の名店長ぶりはたちまち評判になり、わざわざ朝礼を見学に来る人も増えた。

2001年、かぶらやチェーンが東京進出第1号店を出店するにあたって、大嶋に白羽の矢が立てられた。場所は銀座だ。

その「飯場銀座店」もまたたく間に繁盛店となり、オープンから1年後に大嶋は店の朝礼を一般公開することにした。噂は口コミで広がり、「朝礼日本一の店」として毎月200名を超える見学者が訪れるようになった。

朝礼公開の理由を、大嶋はこう説明している。

ひとつは、スタッフの意識を、お客様に「見られている」というものから「魅せる」に変えること。魅せようという想いが、当人のふるまいを自主的なものに変えるとの目論見だ。

もうひとつは、「共に勝つ」という考え方。のちに居酒屋甲子園のスローガンのひとつになるキーワードだ。よいことであれば積極的に同業者に公開し、「自分の店だけでなく、外食というこの業界全体を元気にしたい」。じつに大嶋らしい発想だ。

公開朝礼は話題となり、大嶋は名物店長として業界紙などにも取り上げられるようになっていく。自信も出てきた。かつて甲子園球児になる夢が破れた時に自分を閉じ込めてしまったコンプレックスの面影は、もはやない。いま自分は別の日本一を目指しているのだと信じていた。日本一のチーム、日本一の居酒屋……。

ならば、この居酒屋で甲子園を再現できないだろうか。全国の球児が甲子園を目指して熱く戦い、おのれを鍛錬していくあの純粋な姿を、大人になったわれわれが居酒屋という場を通して見せられないだろうか。

大嶋啓介は自分の店をいまだ持っていない段階で本気でそんなことを考え始めていた。

大嶋啓介という男

「大嶋啓介です。よろしくお願いします」

取材場所に現れた彼は、力強くこちらの手を握り、そう言った。

外食産業の周辺を長年取材してきた私は、これまでに何度も大嶋と彼の店の噂は耳にしていた。大将、と呼んで大嶋を慕う者は大勢いる。大嶋に会ったことがある人はみな、彼のことを語り始めると熱が入る。

いったいどんな男なのか――。

想像をふくらませていたこちらの予想を気持ちよく裏切るかのように、現れたのは人懐っこい笑顔の青年だった。健康的に日焼けした顔、ラフな服装におしゃれな下駄を履き、笑顔のなかから出てくるしわがれた声には照れたような優しさが感じられた。

「飯場銀座店」を繁盛店に仕立て上げた彼は、2004年1月に「てっぺん自由が丘店」を立ち上げて独立。翌年4月に「てっぺん渋谷店（現・てっぺん渋谷女道場）」、8月に彼が幼少期を過ごした三重県桑名市に「てっぺん桑名店（現・魚のてっぺん）」を、２００６年8月に「てっぺん男道場（現・予祝のてっぺん）」をオープン。4店舗を擁する経営者となった。

「てっぺん」でも独自の公開朝礼を行っている。その様子は前述した通りだ。いまでも日本全国のみならず海外からも「本気の朝礼」を見学しに人が訪れるという。

私も一度見学に行った。

参加するよう勧められたが、その勇気はなく見学者に留まることにした。それ以上無理強いはされず、全体を見渡せる客席に案内された。

先入観もあってか、朝礼開始直前になると妙に緊張してきた。

イメージ訓練が始まる。想像以上に時間は短い。

スピーチ訓練からナンバーワン宣言とつづくが、ともかく早い。がなり立てるような大声もあって、正直、何を言っているのか聞き取ることすらできなかった。挨拶訓練の掛け合いはリズミカルでよどみない。まるで踊りか合唱を見ているようだった。何よりやっている当人たちが楽しそうだし、明るい。そう感想を伝えると、大嶋は「そうなんです」とうれしそうに答えた。

「肝心なのは明るくやる、楽しくやる、そういう気持ちのほうが大事だとわかってきました。要は空気をつくることですね。職場の空気、店の空気、空気のちがいは大きいなって思います」

「ハイ訓練、あれは面白いねえ」と言うと「あれは赤塚元気くんの朝礼のパクリなんです」と、拍子抜けするくらいにあっけらかんと言う。

「元気くんがお店でやってて、かっこいいなあと思って。ぼくはいろんな朝礼を見に行って、かっこいいとか、楽しそうだなと思ったものを自分の朝礼に取り入れています」

「君は素直だねえ」と思わず感想をもらすと、

「そうなんです、素直なんです。素直って言われるのが一番うれしいんですよ」と返ってきた。これこそ彼の魅力なのかもしれない。口にする言葉に裏も表もまるでない。裸で向き合っているかのような印象さえ受ける。

その素直な君が、いったいどうして居酒屋甲子園などというイベントを思いついたのか訊ねた。

「焼き肉チェーンの牛角さんがやっているパートナーズ・フォーラムというイベントを見に行ったところからですかね」

「牛角」はレインズ・インターナショナルが手がけるフランチャイズ（FC）チェーンだ。1996年に1号店を出すとまたたくまに全国展開した。そのビジネスモデルは、1店舗に社員1名、あとはアルバイト、パートで運営するという徹底的な省力化にある。

そのため、アルバイト、パートのスキルとモチベーションをいかにして高めるかが店舗運営の鍵になるが、FC加盟店オーナーには他業種の人が多く、飲食業はずぶの素人。そのような人事管理が出来るはずもない。

そこで、アルバイト、パートをパートナーと名づけ、彼ら自身に接客サービスの工夫や顧客管理のノウハウ、チークワークづくりの方法などをプレゼンしてもらい、優秀店を表彰するイベントを行うことにした。それがパートナーズ・フォーラムだ。イベントを通して、ノウハウを共有させるだけでなく、店舗と仲間への共感によってモチベーションを高め、アルバイトの自主性を育てようという試みだ。

「ぼくがまだ飯場銀座店の店長だったときに、牛角さんも朝礼を見に来てくれたんです。その縁もあって、フォーラムの見学をさせてもらったんです」と大嶋は言う。

「衝撃でした。20歳前後の学生さんがみんなスーツにネクタイで、5000人の前でパワーポイントを使いながらすごく情熱的にプレゼンテーションして、すごく輝いて見えたんですよ。それでレインズの西山（知義）社長に挨拶に行ったときに思わず、『ぼくもこれ、出たいです』ってお願いしたんです。『君は牛角じゃないから無理だ』と笑われたんですけど、この大会はどういう想いでやってらっしゃるんですかと訊ねたら、『企業の成長は感動の共有にある』と。

それを聞いて、そうか！　と思ったんです。ちょうど独立してお店を始める準備をしていた頃で、ただ自分の店をやるだけではなくて、この業界のために何かをしたいと思っていたんです。そこにこの言葉を聞いて、ならば業界の成長も感動の共有なんじゃないか、居酒屋業界全体で感動を共有できたら、みんなで成長できるんじゃないかって思ったんです」

当時、大嶋は29歳。30歳の誕生日の前日に「てっぺん」をオープンさせようとしていた頃だ。

自分の店を持つ前から、業界のことを考えていたのか、と訊ねた。

「自分が店長として悩んでいたときに、繁盛店の店長のところに行くとみんな親切に何でも教えてくれるんですよ。それに恩返ししたいなという気持ちはありました。それと、うちのスタッフだけではなくて、外食で働いている人たちみんなに誇りを持って働いてほしい、この仕事は最高だ、この仕事を選んでよかったと思ってもらいたいな、と」

本気なのだ。彼の言葉を聞いていると、そう信じさせてしまう力が間違いなくある。

これが大嶋啓介か――。

居酒屋甲子園の実現に向けて、彼のもとに中心メンバーが集まったのは、「てっぺん」開業から1年ほど経った日のことだった。

4人組による構想

2005年4月。

大嶋啓介の呼びかけで3人の男が大阪に集まった。

1人目は、盟友・赤塚元気。「炙一丁」から出発し、この頃には地元愛知県一宮から名古屋までいくつもの店舗を展開していた。

2人目は深見浩一。当時リンクワンという店長派遣業の会社の関西支社長。

3人目は上山弘朗。大阪北新地の繁盛店「但馬地鶏 炭のあかり」の店主だ。

彼らの共通点は、大嶋の知り合いであることだ。

「大嶋さんは人を集めたり会わせたりする天才なんですよ」と赤塚元気は言う。大嶋は名古屋で店長をしていた頃から、繁盛店があると聞けば出掛けていって話を聞きに行っており、この頃は朝礼で有名になったおかげで大嶋の店を訪ねてくる全国の店長と知り合いになっていた。

この3人のもう一つの共通点は、おれたちの手で業界を変えていこう、居酒屋から日本を元気にしようという大嶋の想いに賛同していたことだった。

赤塚元気の原点

赤塚の原点は、明治大学在学中に、宇野隆史の居酒屋経営と出会ったことにある。下北沢の「汁べゑ」をアルバイト先に選んだのは、学校に近かったこともあるが、どうせやるなら若者に一番人気の店で働いてみたいという好奇心も強かった。

「汁べゑ」は、楽コーポレーション社長の宇野隆史が経営する店の一つだ。宇野は、70年代、80年代頃から、下北沢、経堂、吉祥寺など、若者が集まる街で時代の先端を行く業態を次々に開発し、居酒屋業界に刺激を与えてきた。当時、総合居酒屋がフランチャイズによるチェーン展開で拡大するなか、宇野はそれと真っ向対立する個店主義の道を突き進んだ。

彼が最初に立ち上げた大皿惣菜居酒屋「くいものや楽」は京都のおばんざい屋からヒントを得

た業態だ。コの字のカウンターの上に半調理した惣菜を大ぶりな皿に盛って並べ、お客の注文に応じて目の前で最終調理する。アイデアに満ち溢れたメニューや、お客とのフレンドリーなやり取り、店員どうしの活気に満ちた掛け合いにも、舞台上の演技を見ているような高揚感を覚えたものだ。

その「くいものや楽」の雰囲気は、次々と繰り出す新しい業態に引き継がれ、宇野ワールドをつくり上げていった。赤塚がアルバイトした「汁べゑ」はそんな宇野の持ち味が最もよく活かされた店だった。

「居酒屋は楽しい」

赤塚は大学4年間のアルバイトでつくづくそう感じた。彼が居酒屋人生をここから出発させたのは幸運だった。

「飲食店は人だ。人がすべてだ。人が輝く店でなければならない」

この飲食店哲学も、宇野の店との出会いから得たものだ。赤塚はいまでもそのことに感謝している。「あの出会いがなかったら、自分は飲食業界に入っていたかどうかわかりません」と彼は言う。

居酒屋で一宮を元気に

大学卒業を控え、赤塚は迷っていた。

宇野のいる楽コーポレーションに入るか、地元に戻って父親が経営する会社を手伝うか——。

赤塚の父親は、親から受け継いだパチンコ店をはじめとしていくつもの事業を展開していた。勉強家で、いつも本を手放さない人だった。息子にも読書を勧め、カーネギーの『人を動かす』や稲盛和夫の著書をはじめ、古今東西の偉人伝が続々と東京の下宿に送られてきた。赤塚も父の想いに応え、それらを読みふけった。

彼は父親をたいそう尊敬していた。いずれは父のもとで働きたいと思っていたが、父親は、自分の会社に入れとは決して言わなかったという。

飲食業界への想いを断ち切れずにいたところへ、思わぬ知らせが入った。父親が、経営する居酒屋「酔虎伝」(フランチャイズ加盟店)の業績がよくないので手放そうと考えているという。

よし、その店を自分の手で立て直してみよう。

赤塚は卒業後すぐに父親の会社に入社することに決めた。

そして「酔虎伝」から「炙一丁」に店名を変え、宇野ワールドで身につけたノウハウを下敷きにいよいよ居酒屋の世界に乗り出していった。大嶋が見学して度肝を抜かれた赤塚独自の朝礼を始めたのもこの店だ。

父親との約束で、毎日欠かさず営業結果を父親に報告した。もういいと言われるまでそれを続けたという。

大嶋と出会ったのは、この頃だ。かぶらやの岡田社長が赤塚の父親とは旧知の仲で、自社に講演会に招いた。赤塚は父親の鞄持ちで付いてきて、大嶋に紹介された。年齢の近かった二人はすぐに意気投合し、以後たびたび会っては互いを刺激し合ってきた。

今度は岡田社長が赤塚の会社で講演することになり、大嶋が鞄持ちで付いてきた。そこで初めて赤塚の朝礼を目にした。終わるとすぐさま、「腹立つわー」と言いながら大嶋は赤塚のもとに駆け寄ってきたという。「ぼくなんかより全然すごいよ。自分は名古屋で一番になるとか言ってたけど、元気くんは日本一になるって言ってるし。なんか悔しい！　腹立つ！　けど、わくわくしたよ！」

なんて正直な人なんだろう、と赤塚は思ったという。

「一度、二人で坂本龍馬と中岡慎太郎の銅像を見たことがあるんです。その時に大嶋さんが『この二人は20代で日本を変えたんだ。だからぼくらも自分たちの店のことだけじゃなくて、業界から日本を変えるようなことをしなきゃいけない』って言うんです。大きなことをさらっと。すごい人だなと思いますよ、やっぱり」

赤塚は「炙一丁」を一宮で知らぬ者のない繁盛店にすると、同業態の「いなせ寅衛門」、イタリアンの「ハナドラ」など次々に個店を展開していった。その後も、サムギョプサルの「寅チャン」、魚居酒屋の「タラちゃんイクラちゃん寅ちゃん」九州料理の「寅家」と続くが、総合居酒屋が凋落し、専門居酒屋へ変化していく時代の流れをうまく捉えていたと言える。

やがて赤塚の「寅衛門」グループは名古屋市内、東京へと進出することになるが、２００５年当時、赤塚の店はいずれも一宮周辺にあった。「居酒屋で一宮を元気にしたい」という一念で、地域にしっかりと根を張っていた。

大嶋を永遠のライバルと呼ぶ熱い男だ。

イデオローグ、深見浩一

大嶋の呼びかけに応じた二人目は、深見浩一。

当時、赤塚と同じ28歳。30歳での独立は心に決めていたが、まだ居酒屋の店主でも店長でもなかった。だが、飲食業界への熱い想いは、3人と変わらなかった。

奈良の高校から京都大学経済学部に入った深見は、アルバイトに明け暮れた。苦学生だったわけではない。比較的恵まれた家庭環境に育ったが、バイト三昧となったのは旺盛な好奇心からだ。居酒屋、フレンチ、弁当屋、クラブなど10種類ぐらいの職場を渡り歩いた。そうやって世の中を覗き見ることが面白くてしょうがなかった。

ある居酒屋でアルバイトをした経験を、のちのインタビューでもしばしば語っている。

その店は、人気店にもかかわらず、もっとも忙しい7時になると店長がふっと店内から姿を消し、10時半頃に「がんばってるか！」と言いながら赤い顔をして戻ってくる。こんないい加減な店長ゆえ、厨房での喧嘩も絶えない。それでもお客さんの評判はよくて、繁盛している。これは何だ、面白い、というのが彼の野心の始まりだ。

「これで繁盛するなら、自分はもっとすごい人気店をつくれる、と思ったんです」

卒業後の就職も、もちろん飲食業にするつもりだった。

しかし父親から「そちらの方に進むのならば食材を提供するサプライヤーの方から入ったほうが業界を客観的に見られるのではないか」とのアドバイスを受け、もっともだと思いサントリーに入社した。

営業になれば、たくさんの飲食店の現場が見られると考えていたが、配属先は東京本社のマーケティング部。彼としては、飲食店サポートをするグルメ事業部か、コンサルティングや直営店経営を手がける子会社への配属を願ったがついにかなわなかった。

マーケティング部は、新商品の企画、試作、営業企画部への計画書などをまとめあげていく仕事で、電通、博報堂のクリエーターとの接触も多かった。

そこで企画書のつくり方、事業計画書のつくり方、プレゼンの仕方を叩き込まれた。これがのちに居酒屋甲子園の企画書作成、優秀店舗選定の基準づくりなどに大いに役立つことになる。

リンクワンへの転職

できれば飲食の現場とかかわりたい――。

深見がその想いを抱えて悶々としていた頃、コンサルティング会社ＬＣＡが立ち上げたベンチャーリンクという子会社の存在がまぶしく見えていた。

ベンチャーリンクは、パンの製造にカフェやレストランを併設した「サンマルク」のチェーン展開、そして焼き肉店「牛角」のフランチャイズ（ＦＣ）展開を手がけたことで外食業界に一躍その名を知られるようになった。

大ブレークを果たした「牛角」のＦＣ展開は急速だった。ＦＣオーナーから店長能力のある人材の派遣を要請されたＬＣＡは、店長派遣を業務とするリンクワンという子会社を設立した。深見はこのリンクワンの仕事に強い関心を持った。飲食店経営に携わりながらコンサルティング能力も身につく。さらには店舗の現場ともかかわれる。願ってもない職場に思えた。

２００２年、たった2年でサントリーを辞め、深見はリンクワンに飛び込んだ。

リンクワンは、とにかく店長を量産しなければならず、新卒大学生だけでなく飲食業経験者も多数採用した。だが派遣するには再教育が必要だ。立ち上げたばかりのリンクワンに、その体制はまだ整っていなかった。

深見は入社早々、大阪のとある「牛角」店舗に店長として派遣された。

すでにシステムが出来上がっているＦＣチェーンなので、商品や業態は変えられない。できることは、チームづくりとスタッフのトレーニングしかない。まずは店長の自分がいなくても店が回るように仕組みをつくることにした。

次第に業績が上がり、その成功に目を付けた会社は、深見の店に続々と店長候補を送り込んできた。そうして深見の教育を受けた者が、別の店に派遣されていくかたちが出来上がった。自分の店を回しながら店長教育もする。目が回るような忙しさだった。

店長派遣の需要は膨大にあり、リンクワン事業は瞬く間に成長。深見は関西支社長をまかされた。大嶋啓介と出会ったのは、この頃だ。

「大嶋さんは自分とは正反対の人間だと思いましたね」と深見は言う。「大嶋さんが熱意の人やとしたら、自分はロジカルに考えていくタイプですから」

しかし「夢」を熱く語る大嶋の姿に自分がどんどん魅了されていくのもわかった。

「浪花節かもしれないんですけど、業界を変える、日本を変えるって、本気なんですよ。そんな夢を本気で語る人に初めて出会ったという感じでしたね」

大嶋の誘いとあれば、乗るのになんのためらいもなかった。

大阪から来た「日本一」

大嶋のもとに集った3人目は上山弘朗。

上山も、もともとは大嶋と同じく野球少年だった。小学校1年から野球を始め、社会人野球にまで進み、本気でプロを目指していたが、故障で断念し、飲食の世界に入った。

修業を経て、2003年に大阪の北新地で「但馬地鶏 炭のあかり」を立ち上げた。当時はバブルがはじけて景気の低迷が続いていた頃だ。大阪の銀座と言われる北新地も決して景気がよいとは言えなかったが、ここが明るくなれば、大阪が明るくなる、大阪が明るくなれば日本が明るくなるとの想いから「炭のあかり」と名付けた。

36坪54席の規模ながら、月商1200万円をアベレージで叩き出し、その名を大阪一円にとどろかせた。上山も独自の朝礼を行い、近隣の企業から見学に来るほど有名になり、上山は自分の店が日本一だと豪語していた。

その上山に、ある酒屋の社長が言った。

「おまえ、日本一日本一言うとるけどな、おんなじ年代で強烈なんが東京の銀座におるぞ！　そいつも日本一や言うとるらしいで！　負けとるかもな！」

上山はすぐさま東京へ行き、「飯場銀座店」に飛び込んで大嶋啓介と顔を合わせた。話題の朝礼にも参加した。そのスタイルは偶然にも、上山自身がやっている朝礼とよく似ていた。その事実に驚いたが、同時に、大嶋という人間の魅力に強烈に引き寄せられた。それからは毎週のように上京し、一緒に日本を盛り上げよう、居酒屋から日本を元気にしよう、と語り合ったという。

やがて赤塚、深見を大嶋から紹介され、4人は名古屋か大阪でたびたび顔を合わせては、情報交換をし、これからの飲食業界について熱く語り合った。

日本一構想

大嶋、赤塚、深見、上山。この日、4人は大阪の上山の店に集まった。

顔を合わせればたいてい日本一論議になる。いつもの展開だった。

「おれの店が日本一や」と大嶋が言えば、

「おまえんとこは朝礼だけやないか。居酒屋は料理や。料理やったらうちが一番やな」と上山が言う。

「いやいや、居酒屋は料理だけじゃなくて店のバランスですよ」と赤塚が言い出す。

収拾がつかなくなると、話のまとめ役は深見だった。

「日本一いうたら頂上のことでしょう。だったらそこまで登る道があるはずで、登り切る道は幾通りでもありますよ。みんなで頂上で会うたらええんとちゃいますか」

たしかにその通りだと、3人がうなずく。

「そもそも基準がなかったら日本一もなにも決められないやないですか」

「よし、じゃあ誰が日本一なのか、われわれだけでなく、日本中の繁盛店を集めてみんなで決めようや!」

これが居酒屋甲子園への第一歩となった。

どうやって日本一を決めるのか、次の会合で各自企画書を持ち寄って具体的に検討しよう、と約束してその日の会合はお開きとなった。

構想の具体化

2005年5月。ふたたび4人が集結した。

案の定、約束通りに企画書を持参したのは深見浩一ただひとりだった。このあたりから深見の理論的支柱としての役割が決まったのだろう。

深見の企画書では、日本一を決めるための課題は二つあった。

一つは、具体的に日本一をどうやって決めるのか。

つまり、全国からエントリーされた居酒屋をどのように選び抜き、勝者を決めたらよいのか。一口に居酒屋といってもその業態はさまざまだ。すべての店に通用する公平な選考基準と、公正かつ客観的なジャッジが必要だ。

そこで深見が提案したのが、覆面調査による店舗評価であった。

ちょうど彼が所属するリンクワンの親会社ＬＣＡが覆面調査事業を始めていた。それを土台にして、どの業態にも適用できるような調査項目と客観的な評価基準をつくっていけばいい。この項目作成には深見浩一もかなり力を入れ、ＬＣＡとの打ち合わせを重ねていくことになる。

もう一つの課題は、その全国大会をどのようなイベントとして行なうか。

深見ペーパー

これにはよいお手本があった。深見は、ベンチャーリンクが展開していた「牛角」の社内イベント、パートナーズ・フォーラムを提案した。大嶋が思い描いていたのもまさしくこれだった。パートナーズ・フォーラムのビデオを見せながら、見学した会場やステージの様子を大嶋が3人に熱く語って聞かせた。

全国の「牛角」数百店のなかから5店舗のアルバイトたちが壇上に上がり、どうやってお客様によろこんでもらうか、感動を共有できるかを熱く語る。

「もっともっと日本を元気にしたいんです！」

と涙を流しながら本気で訴える姿を見ながら、これで行こう、このスタイルでやろうと中心メンバーたちのイメージは固まっていった。

次なる課題は、賛同者を集めることだった。

関西の離反

まだ居酒屋甲子園という名前もなかった。

大嶋は「てっぺん」の朝礼で全国に知られ、店長の知り合いもたくさんいたが、赤塚も上山も地元の有名店に過ぎなかった。それでも4人は手分けして全国の有力な店主、店長に声を掛け、何とか3、40名が半信半疑ながら興味を示してくれた。

日本一を決めるイベントだと言ってもどういうものか皆目わからない。そこで全員でパートナーズ・フォーラムを見学に行くことにした。

パートナーズ・フォーラムが開かれた５０００人収容の会場は、スーツ姿の学生で埋め尽くされ、異様な熱気に包まれていた。ステージ上で展開されるプレゼンと会場の雰囲気を見て、みなようやく大嶋が何をしたいのか、どういうイベントをやりたいのかがわかってきた。

しかし、必ずしも全員が一つにはなったわけではなかった。

見学を終えて渋谷に会場を移し、みなで話し合いを始めると温度差は明白になった。特に大阪からやってきた店主や店長たちの反応は冷ややかだった。

大嶋は会合で業界がまとまることの意義を熱く訴えた。

みんなに夢と誇りを持たせたい。居酒屋で働くスタッフに、居酒屋で働くことが楽しくてすばらしい仕事だと感じてもらいたい。子供たちがその姿を見て、居酒屋で働きたいと思ってくれたらどんなにいいか。そんなふうに思ってもらえるよう、業界を変えていこう。日本を変えていこう。居酒屋から日本を元気にするイベントをみんなでやろう――。

大嶋の言うところはたしかに正しい、と多くの者が認めてはいた。実際、居酒屋が大学生の就職希望先として上位に挙がることはない。居酒屋が好きで、アルバイトからそのまま居酒屋に就職したいなどと言おうものなら、なぜ大学までいって居酒屋なんだと親が反対する。どの店のオーナーも店長も、そうやって優秀なアルバイト学生が卒業とともに去ってしまうことを残念に思っていたが、どこかで仕方ないとあきらめていた。

大嶋はちがった。変えられると、居酒屋の地位を向上させたいんだと言い続けた。あんなに本気の人間を見たことがない、と当時の大嶋を知る者たちはみな口をそろえて言う。

「で、そのイベントをやる金はどないするんや」

「それやってもうかるんか？　ひとつのもうけにもならへんやろ」

関西から来た者たちからは苦言が相次いだ。大嶋が、それはあとで考えればいい、ともかくやろうと熱く言えば言うほど、彼らは冷めていった。

大阪人のこの強烈なリアリストぶりを、4人組の一人、上山弘朗は苦々しい思いで聞いていた。関西方面の人脈をまとめてきたのは上山なのだ。

その後の飲み会は、はっきりと東西ふたつのグループに分かれた。その溝を埋めるすべのないまま、次のステップに進まざるを得なかった。

大嶋啓介の涙

7月には居酒屋甲子園の名称が正式に決まった。

甲子園に向かって勝ち抜き、そこで頂点を目指す高校球児の純粋な熱い想いを、大人のわれわれも居酒屋の場で再現していこうという大嶋の構想が、そのままダイレクトに名称となった。

この名称には後日談がある。第3回大会開催を控えた2008年の8月、居酒屋甲子園事務局あてに手紙が届いた。

「甲子園という名称は、高校球児の健全な情熱の象徴であって、酒飲みのための団体などで使ってほしくない」

甲子園球場の近くに住む住民からの申し入れだった。さっそく顧問弁護士と相談し、事務局の齋藤芳春と大嶋が手紙の主に会いに行った。活動内容を説明し、その理念は高校球児の純粋さを発火点にしていると言い添えると、とりあえずは納得した様子だったという。

話を戻そう。居酒屋甲子園の事務局は「NPO法人居酒屋甲子園」として立ち上げられた。まだ事務局という体裁すらなく、「てっぺん」の事務室がその代わりをつとめた。

NPO法人とは何で、他の法人組織とどこがどう違うのか、誰にもよくわかっていなかった。ただ一番手っ取り早く手続きが取れるというので決めたらしい。専門家も雇えない段階での手づくり組織だった証拠の一つである。

初代理事長には大嶋啓介が就いた。

8月からは本格的に参加店募集活動が始まった。

予選に参加するための基準は以下のように設定された。

①今回の大会テーマ「夢」にご理解いただくこと。

②店舗席数が20席以上。

③客単価が2000円から5000円未満。

④参加費として5万円をお支払いいただく。
⑤フード比率が40%から70%前後であること。
⑥実行委員会に承認された店舗であること。

実行委員たちは、ぐるなび、タウン誌などを頼りに地域で人気の居酒屋をリストアップし、その店を訪ね回る。特に大嶋啓介はその知名度を活かし、講演に出かけた先で店を訪ね、店主に会い、居酒屋甲子園への参加を呼びかけていった。

じつはその時点ですでに、第1回大会の会場として日比谷公会堂を押さえてしまっていた。収容規模は2000人。引くに引けない状況だ。

地方の繁盛居酒屋の店主たちは、みな一国一城の主だ。その地域の一番店であることに得意になっているので全国で優劣を競いあうという発想がそもそもない。けんもほろろに追い返される場面が多かった。しかし大嶋たちはめげなかった。勉強会と称して各地で説明会を開きながら、参加店舗を募り、時には実行委員への勧誘を続けた。

固定電話もない事務局では、たった1枚の申込用紙がFAXで送られてくるのをじっと待つこともあった。

事ここにいたっても、会議を開くたびに参加人数が減っていった。大阪の離れていったグループ同様、これは無茶だと見切りを付けて去る者たちが後を絶たなかった。

けれど大嶋は腐らなかった。去る者のことは優しく気遣い、残った者たちにはさらに気勢を上げて鼓舞した。

9月に大嶋はあらためて決起大会を催すことにした。

会場は、銀座一丁目の「権八」。40名を予約して待った。

しかし結果は散々だった。

集まったのはたったの4人。スポンサー企業などの関係者を含めても10人程度。テーブルの上には40名分の資料も配られていたが、会場はがらんとしていた。会場の隅で大嶋啓介がしゃがみこんで号泣していた。

「あんなに泣いている大嶋を見たことがない」

と、のちに2代目理事長になる高橋英樹は言う。その大嶋の姿を見ながら、「ああ、これはほんまにやらなあかんな、よしおれがやろう」と決め、翌日から全国行脚を開始した。

「無茶な企画だと思うのも仕方ないとは思いますよ。でもぼくは、大嶋とならやれる自信がありました。なんででしょうね。大嶋のほうが年下なんですけど、そんなふうに思ったのは初めてです」

高橋は1970年生まれ。大嶋より3歳年長だ。

「大嶋が言っていること自体は正しいと思ったんですよ。これが実現したらどうなるんだろう、大嶋と一緒にその景色を見てみたいと」

東日本は大嶋に任せ、高橋は西日本を担当、ワゴン車を使って車中泊しながら走りまわった。タウン誌、地元の酒屋さん、ビール会社の営業マン、食品問屋などから情報をかき集め、繁盛している話題店を飛び込みで訪ね、参加を呼びかける。大会開催は2006年2月9日。場所は日比谷公会堂。決まっているのはそれだけだ。まだ開かれてもいない大会なので、ビデオもない。イメージが伝わりにくい。聞く方も半信半疑だ。

それでもあきらめず、大嶋と高橋は手弁当での全国行脚を続けた。

高橋英樹の侠気

この全国行脚をしていた頃、高橋英樹は広島県福山市で居酒屋3店舗を経営していた。だが自身の会社は2億を超える負債を抱え、火の車だった。

生まれは福岡県宗像市。中学まではサッカーに夢中なごく普通の少年だったが、高校を退学処分になって以降、全国各地を転々とする。やがて大阪で飲食業の会社に入って身を落ち着け、板前の修業をした。

その会社で世話になった専務が独立して広島に店を構えるというので、高橋に声がかかった。それが以後長く続く福山市との縁になる。

その会社は7店舗までは順調に店を広げた。

しかし従業員が社長についてこなかった。7店舗目を開こうという時に、従業員「総アガリ」、つまり全員が一斉に辞めると言いだした。

すると、社長はなんと経営を放棄し、あとは高橋にゆだねると言い出した。

当時、高橋は営業部長。その上に調理長、常務、専務、副社長が控えているにもかかわらず一番下の自分が指名された。

普通は辞退するところだ。しかし世話になった会社を放っていくわけにはいかない。一緒に店で働いてきた仲間を見捨てるわけにもいかない。苦しい状態の時に自分が指名された。ならばやるしかない。２００4年のことである。

しかし銀行へ借り入れ交渉に行って初めて、会社が2億円以上の借金を抱えているのを知る。じつは会社を委譲された時に決算書すら見ていなかった。もし見たとしても当時の彼には貸借対照表すら読めなかったので、その事実はわからなかっただろう。

債務超過で銀行からの借り入れもできない。売れるものはみな売った。店も、会社の車も、自分の車も売り、子供の生命保険も解約した。残った店で何とか経営を立て直そうと奔走した。繁盛店を見て回った。本も読んだ。気は進まなかったが経営セミナーのようなところにも行った。

その頃、大嶋の朝礼のことはビール会社の担当から勧められて知ってはいたものの、大嶋に会ったことはなかった。ところがある日、大阪の仲間たちと飲み会を開いているところへ、どこで聞きつけたのかひょっこり大嶋が訪ねてきた。そこで居酒屋を、飲食業界を、日本を元気にしたいと熱く語り、居酒屋日本一を決めるイベントをやりたいと訴えていった。まだ何も決まっていない時のことで話はよくわからなかったが、疑いもなく前に進み続ける大島の真っすぐさに高橋は魅せられた。そして彼に誘われるまま実行委員を引き受けた。

大嶋と手分けして、四国、中国、九州を回るうち、徐々に参加表明してくれるところが増えていった。そのときの高橋英樹の頭の中には無論、自分の会社のこともあった。しかし自分が大嶋啓介を助け、この居酒屋甲子園という夢を本気で実現していかなければ自分は変わらない、自分が変わらなければ、債務超過の自分の会社も変わらないのだと自分に言い聞かせて走り回った。

サポーター企業の支援と共鳴

大嶋と高橋が奔走していた時、居酒屋甲子園事務局の準備資金はゼロだった。二人の全国行脚も、いや実行委員全員が、手弁当で走り回っていた。

会場は借りてしまい、手付金の支払い期日も迫っている。

覆面調査による3カ月間の予選会は10月から始まろうとしている。

資金調達はどうするのだ——。

大会開催に向けて動き回る中心メンバーは金の問題には無頓着だった。

その状況を見かねて立ち上がったのが現在も監事として居酒屋甲子園を裏でしっかりサポートしている齋藤芳春である。

齋藤は当時、青果卸会社の専務で、当初からスポンサー企業の一員として大嶋に頼まれてかかわっていたが、見るに見かねて事務局に張り付き、金の出入りを整理した。資金繰り表をつくり、財務計画を立てる。

だが、全国の店舗からの参加費5万円の入金が遅々として進まない。参加表明は取り付けたものの口約束で、何の契約書も交わしていなかったからだ。

窮地を救ってくれたのは、ぐるなび取締役本部長の吉田真由美だ。

「ある日、大嶋啓介から電話がかかってきて、『居酒屋の日本一を決めるイベントをしたいからスポンサーになってほしい』って言うんですよ」

吉田は大嶋がまだ「飯場銀座店」の店長だった頃からの知り合いだった。大嶋の純粋さ、裏のない性格、周りを巻き込んでしまう不思議な人間的魅力に吉田は心酔していた。

ただ、大会がどのような規模でどんなものになるのか、今後どういう展開をしていくのか、まったくわからない。推進母体となるNPO法人も急ごしらえで実態がよくつかめない。協賛金を投じるにはあまりに不明な点が多い。

「それでも大嶋なら人を集められる、彼が言うことなら信用してもいい、と思ったんです。これを応援することはきっと自社のためにもよいはずだ、と」

吉田が決断し、ぐるなびは300万円を出資した。

支払い期日の迫っていた会場の手付け金は、これで何とか間に合った。

資金援助にとどまらず、彼女は事務局の手伝いにも乗り出した。

当時、実行委員の会議は深見浩一が所属していたリンクワンの一室を借りてしていたが、吉田はそこにもたびたび顔を出した。まだ具体的なことは何ひとつ決まっていなかった頃のことだ。スポンサーをどう集めるか、参加店舗をどう募るのか。これから事務局はどう動けばいいのか。吉田は課題を具体的な行動リストに変えていった。協力してくれそうな企業をリストアップし、一緒にお願いに回り、ぐるなびが全国の支店で開催していたぐるなび大学という飲食店の勉強会を居酒屋甲子園の説明会に使ってもらうことにした。

店舗を経営することはできても大きなイベントを組織することには慣れていなかった当時の中心メンバーたちにとって、吉田真由美の存在は心強かった。彼らに話を聞くと、彼女の名前はしばしば出てくる。彼女が大会の実現に向けて汗水流す姿は、彼らの大きな心の支えになったのだろう。

ビール大手企業も大口のサポーターとして大きな役割を果たした。

なかでも、居酒屋甲子園の準備に携わる若い経営者たちの熱い想いに触れ、会社の枠を超えて、彼らを応援した人物が二人いる。

一人は、現サントリー酒類株式会社執行役員九州支社長の下村真三。当時、営業推進部の課長だった。

協賛金の依頼があったとき、主旨はよくわからなかったがとりあえず会って話を聞くことにした。訪ねてきた若者は居酒屋甲子園にかける想いを熱っぽく訴えた。居酒屋から日本を元気にする――あまりに途方もない志を掲げていることに下村は感動し、協賛しますと即答した。ビールや酒を通して外食産業とのかかわりは長かったが、チェーン居酒屋がまだ全盛の時代に、それぞれの地域でがんばっている若手の経営者たちがここまで熱い想いを持って動きだそうとしていることに、素直に驚いた。

下村の営業実績がものをいったのか、100万円の協賛金拠出に社内で反対する者は出なかった。

「もちろん、会社としてはそこに出資してどんなメリットがあるんだとか、そういう話は出ますよ。しかし、性急なリターンは端《はな》から期待していませんでした。それよりも、この彼らが突き進んだ先、5年後、10年後、彼らが成長してどんな経営者になっているのか、大きくなった彼らがどんな業界をつくりあげるのかを想像すると、期待でわくわくしたんですよね」

各地で準備や説明会のための会合場所に困っていると聞きつけると、下村はその地方まで足を運び、支店の営業推進部を説得して会議室を提供してやった。いつしかバックアップするとか支えるとかいう気持ちは失せ、準備に夢中な若者たちと行動をともにし、自分も一緒に熱くなっていた。このイベント、いや、この取り組み自体を成功させたいという想いが強くなっていた。

いまでも毎年居酒屋甲子園の大会を覗きに行く。かたちや表現はいくらか変わったとしても本質がまったく変わっていないことを確認してほっとするという。41歳のとき、自分がこの若者たちに賭けてみようとした勇気を誇らしく思うのだ。

もう一人、ビール業界で居酒屋甲子園に入れ込んだ男がいる。

サッポロビールの梶浦清孝である。現在は北海道本社、北海道戦略営業部での活躍が伝えられているが、居酒屋甲子園のことは忘れたことがないという。

「あれは私にとって仕事ではなくて志事でした」

そう語る彼のサポートぶりは、「志」というにふさわしい熱烈さだったという。

「てっぺん」で大嶋啓介に出会った梶浦は、彼に心底ほれ込んだ。朝礼にも参加し、店の常連となった。

大嶋から誘われて第1回大会を観戦した彼は、本気で居酒屋という仕事に向き合う彼らの姿に心から感動し、この全国の仲間たちともっとかかわりたい、一緒に居酒屋甲子園をつくっていきたいと思ったという。

第2回大会から実行委員として奔走し、パシフィコ横浜で行われた本大会では、控え室を担当。裏方に徹し、イベントを支えた。

「ただただ、居酒屋甲子園を成功させたい、仲間との時間を大切にしたいと思って動いていただけです」

九州に転勤になったときは、有給休暇をとって本大会に参加した。

梶浦の居酒屋甲子園にかける想いは、大会幹部たちにも大きな励みとなった。下村同様、梶浦も会社員という枠を超えて個人としての共感で動いてくれているのを誰もがひしひしと感じていた。その想いに応えたいと、第6回大会で3代目理事長の松田真輔より「実行委員MVP賞」が授与された。梶浦にとって忘れられない宝物になった。

理念と目的

サポーターを募り、参加店舗を勧誘するなかで居酒屋甲子園の理念と目的が作られていった。

目的　居酒屋から日本を元気にする。
理念　共に学び、共に成長し、共に勝つ。

いずれも大嶋の強い想いを言葉にしたものだ。居酒屋甲子園が具体的に立ち上がる前から、大嶋は口癖のように業界を、日本を元気にしようと言い続けていた。

理念も、前半二つは理解しやすい。全国の繁盛店が、互いの想いに刺激を受け、取り組みを学び合うことで、業界全体が活性化し、成長していこう、ということだろう。しかし「共に勝つ」とはどういうことだろう?

大嶋にその真意を訊ねてみると、きっかけは落語家の三遊亭歌之介の「ウサギとカメ」を聞いたことだという。歌之介は、この勝負を分けたのは、カメが「ひたすら目標、ゴールを見ていた」のに対し、ウサギは「カメばかり見ていた」、つまり「見ているところの違いが勝負を決めた」のだという。

「この話を聞いたのは、ぼくがダメ店長だった頃で、まさにウサギそのものでしたね。あいつには勝とうとか、あの店には負けたくないとか、勝つことばかり考えてました」

目線の高さが結果を変える。「居酒屋から日本を元気にする」という目的も、居酒屋日本一を決めるという趣旨そのものも、壮大にすぎるからこそ、人を惹きつけるのだ。

歌之介の話には続きがある。

ある小学校で歌之介がこの「ウサギとカメ」の話をしたときのこと。1年生の男の子がこう質問したという。

「先生、なぜカメさんはウサギさんを起こしてあげなかったのですか？　一緒にゴールしたほうがもっと楽しいのに……」

大嶋はこの問いかけに強い衝撃を受けた。一緒にゴールする？　彼はこれを「自分だけが勝つよりも、共に勝つほうが喜びが大きい」という意味だと受けとめた。

この言葉は居酒屋甲子園の発端となった深見浩一の言葉とも響き合う。

「みんなで頂上で会うたらええんとちゃいますか」

共に高みへ。おそらく大嶋の本当の意図は、勝つことよりも「共に」のほうにあっただろう。個々の店舗がもつ力はわずかかもしれないが、無力ではない。業界が、個々の店舗が、ひとつの目標に向かってまとまった時、どんな力を発揮できるだろう。

「もうわくわくしかありませんよね」と大嶋は当時のことを語る。
その最初の試みがいよいよ実現しようとしていた。

第1回本大会開催へ

事務局長・渡辺修の苦悩

初代事務局長、渡辺修は気が気ではなかった。

いくら実行委員たちが手弁当で動いてくれたとしても、固定費はかかる。支払いは次々にやってくるのに、入金はまばらだ。

この第1回大会のサポーター企業は60社、参加費を納めるエントリー店舗数は236に達した。だが参加費がいつ振り込まれてくるかはわからない。結局、渡辺が支払先に出向いて頭を下げ、支払い延期を頼み込むことになる。損な役回りだが、意外に楽しんでもいた。

渡辺の本業はシステムエンジニア。リコーに勤めていたが、80年代から勢いを増してきた居酒屋チェーン「すずめのお宿」のシステム開発に携わったのが、飲食にかかわるきっかけだった。その後ステーキレストランチェーン「ふらんす亭」のFC本部に呼ばれ、飲食店の経営を学ぶ。

大嶋啓介に出会ったのは、ちょうど4人組が「居酒屋日本一」を言い争っていた頃だ。大嶋という男は、無茶は言うが、じつに楽しそうに、すぐさま行動を起こす。「NPO法人をつくるから立ち会ってほしい」と大嶋に言われて出かけていくと、妙な成り行きで設立費用を渡辺が立て替えるはめになった。どうしてそんなことになったのか、いまでもよくわからない。けれどもそんなふうに大嶋に振り回されることがなぜかうれしかった。

システムエンジニアだけに数字には強い。しかし事務局の仕事を引き受けることになったのは、彼が「ふらんす亭」のFC店を自ら持っており、比較的時間の自由が利いたせいだろう。

とはいえ事務局員を雇う金もない。結果、彼が一人で駆け回ることになる。

資金繰りは深刻さを増していった。齋藤芳春と渡辺による奔走がなければ、第1回大会は開催までこぎ着けなかったかもしれない。

予選会は10月から始まり、3カ月に及ぶ。そのための覆面調査は3回。その結果は1回ごとに発表され、1、2回の合計得点で上位20%が3回目に進み、3回の総合得点で競われる。

調査は200点満点。予選店舗の商圏内のお客様を募りモニター調査を実施する（全国保有モニター数は約3万）。調査項目は、①再来店の意志、料理の味、接客面での満足度（8項目、4段階評価）、②オペレーションのチェック（50項目を「0／1」で評価）、③当日の感想、指摘したいスタッフへの提言などの定性的情報などがある。

予選は、全国を5ブロックに分け、ブロックごとに頂点を決めていく。

大嶋啓介の「てっぺん」は早々に脱落した。初代理事長が勝ち抜けなかったことで、かえって覆面調査の信憑性が増したと、周囲のものはおかしがった。

実行委員の高橋英樹の店は1、2回目の調査では満点をとり、さすがと評判がたち、壇上店舗（決勝大会のステージでプレゼンする店舗）間違いなしと目されたが、3回目の調査結果が悪く、これまた脱落。全国の仲間から冷やかしを受けることになった。

2006年1月、壇上店舗5店が決定した。

九州からは熊本の「憲晴百」。

北海道から「小姐極楽中華　香香颱風」。

関西・東海地区からは、赤塚元気率いる愛知の「寅《゛》衛門」

東海からもう1店、静岡の「喰処ばあ幸」。

関東からは神奈川の「合点　本厚木店」。

本大会は2月9日。

壇上店舗がプレゼンテーションの準備にかけられる時間はたった1カ月しかない。当日の構成とプレゼンの演出には専門のイベント会社を頼んだ。各壇上店舗に取材し、プレゼン用の映像をつくり込んでいく。依頼を受けたイベント会社もぎりぎりの予算の中で奔走した。実はいくつもの会社に打診したが、あまりに漠然とした依頼に尻込みしたところが多かった。その会社、コムネットだけが、居酒屋甲子園の想いに一も二もなく賛同してくれたのだ。

この段階ではサポーター企業も出そろい、参加費も次々入ってきた。

資金の余裕はないが一応回り始めていた。渡辺修も齋藤芳春もようやく安堵した。

だが、本大会、決勝戦はまだこれからだった。

衝撃的な幕開け

2006年2月9日、日比谷公会堂。

開場前の会場入り口近くに、実行委員とサポーター企業の応援部隊合わせて数十人が円陣を組む。「朝礼」を行ない、大きな声を出して励ましあう。

時間になると2000名の会場はあっという間に満席となり、入場できない人もいた。

オープニング映像が会場に流れる。

第1回大会のテーマ「夢」の文字が大きく映し出された。

最初に登場したのは赤塚元気の「human dining 寅衛門」。

ステージ上に、黒のスーツに身を包んだ従業員が整列する。その数20名以上。

彼らの前に、観客に背を向けた赤塚が立つ。観てもらうべきはスタッフなのだという意思が感じられる配置だ。赤塚が指揮を執り、腹から押し出す大きな声で「朝礼」をはじめる。

理念の復唱、「ハイ」と挨拶の唱和をくり返す。赤塚はステージ上を端から端まで飛びはね回る。からだ全体でふり絞るような絶叫だ。

黙想のあと、「おれはできる」「必ずできる」「絶対できる」「日本一になるぞ」と再び腹の底から全員で唱和し、「今日も一日よろしくお願いします」と閉じられる。

赤塚は、店で7年前から欠かさずやっている朝礼を壇上で再現して見せたのだ。ステージ上は暗転し、スクリーンには実際の店舗での日々の営業風景が映し出された。

映像が終わると、アルバイトスタッフのスピーチが披露される。

「ありがとうの多い会社づくり」をテーマにして、感謝の原点としての親孝行へとつながり、「おとうさん、おかあさん生んでくれてありがとう」に終わる実話が次々に語られた。

会場ではそのエピソードに涙を流す者も大勢いた。これを居酒屋の経営とは離れた精神主義と捉える向きもあるかもしれない。

だが赤塚元気はそうは考えない。

「リーダーはみんなのモチベーションを高める使命を担っているんです」と赤塚自身は説明する。「朝礼も、部活と同じノリでみんなを乗せようと考えだしたんです。大きな声を出すと表情が出るんですよ。人間て、どうしても最初は表情がかたいんですけど、声を出すとゆるむんです」

赤塚元気は店舗ごとに朝礼のスタイルを少しずつ変え、モチベーションを高める方法を模索しつづけている。単純な精神主義や情緒で反復しているわけではない。その効果のほうを見ているのだ。

統率とはかつて従わせるものだった。社歌を歌い、社是を唱えるような朝礼は昔から存在した。

しかし赤塚元気がここで見せた統率がそれとはちがうことは私にもわかる。

「昔は上から厳しく引っ張るスポ根世代が中心でしたけど、ぼくらは少年ジャンプ世代なんですよ。リーダーが仲間と一緒に横並びでやっていこうという関係なんです。あいつが言うならしょうがないな、支えていこうと周りが思うようなリーダーがいまのリーダー像だと思っています」

壇上のプレゼンテーションからもそれは伝わってくる。スタッフは理念をくり返すだけの存在ではない。披露されるエピソードは具体的だ。接客にたずさわる若者も、料理を提供する若者も、居酒屋で働くことで自分の存在意義を確認し、仕事の意味を見つめ、自分の居場所を発見している。本気で働こうとしている。生き生きと輝いている。その姿とその熱が、ステージを見つめる観客と共鳴し、感動を生みだす。

このステージを観客の一人として見ていたという大谷順一（のちの居酒屋甲子園・5代目理事長）は、この第1回の赤塚のプレゼンに衝撃を受けたという。

「居酒屋の店員が全員スーツ着て声そろえているんですよ。こんな統率がとれるんだというのは衝撃でしたね」

この感想は象徴的だ。ある意味で、居酒屋ごとき、という偏見は世間や社会の側にだけあるのではない。居酒屋で働く彼ら自身がどこかでそれを受け入れ、あきらめてしまっているところがあるのだ。それに気づかせ、覆すだけの迫力が赤塚のプレゼンにはあった。

壇上に上がれなかった若者たちはもちろん、様子をうかがうつもりで来ていたサポーター企業の幹部たちもこの迫力に胸を打たれ、彼らに本気でかかわらなければ、との意を強くした。

第1回最優秀店「憲晴百」

第1回大会の最優秀店は九州で勝ちあがってきた熊本の「憲晴百」であった。たった1店舗の店が覆面調査で高く評価されて壇上店舗に駆け上がってきた。

オーナーの小西俊治はもともと大手建築会社に勤めるサラリーマンだった。結婚し、子供もち、何の不安も不満もない生活を送っていたが、30歳のとき、同級生が居酒屋の経営者になって生き生きと働いている姿を見て、夢に火が付いてしまった。

「好きな道を歩む自分の姿を子供に見せてやりたい」

そう思い立ち、建築会社に退職届を出すと、家族を実家に預け、同級生が経営する店に入店。その日から倉庫に泊り込んで修業三昧の日々を送った。「夢に日付を」というワタミ創業者・渡邉美樹の言葉を胸に、1年半という期限を区切って休みなく働き通し、独立。「憲晴百」を開店した。

この店は、小西さんの夢へのあくなき挑戦の果実だ。そこで働くスタッフにもその夢は引き継がれ、挑戦することが奨励されている。スタッフ各人のスピーチでも「自分も夢を」といずれ自分の店を持つことが語られる。店を拡大するとか店舗展開するなどという話はいっさい出てこない。ひたすら夢の再生産が強調された。

たった1店舗にすぎないが、元気な店がまた次の元気な店を生むという構図は、まさに「居酒屋甲子園」というイベントそのものを象徴するものだった。大会参加者による投票で高得点を集めた「憲晴百」は第1回の日本一に選ばれた。

イベントの最後に、大嶋が総括スピーチをおこなった。居酒屋とは何なのか、自分たちはいったい何のために働いているのか、と観客である居酒屋人たちの日ごろの自問の声をくみ取った、すばらしいスピーチだった。

「あなたの夢はなんですか」とのテロップがスクリーンに映し出され、大会は幕を閉じた。大きなイベントを経験したことがない者たちの手でがむしゃらに突き進められた第1回大会は無事成功裡に終わった。

一番心配された資金繰りは、齋藤芳春、渡辺修の尽力により、最後に9万円が手元に残った。みな抱き合って喜び合った。

齋藤芳春が感じた奇跡

居酒屋甲子園はすでに12回を数えるが、この第1回大会はやはり原点としてその後のさまざまな要素がつまっているように見える。

熊本の「憲晴百」が日本一になったことの意味はやはり大きい。この店は1店舗しかない。赤塚元気の数店舗はすべて愛知県内。「喰処ばあ幸」が2店舗、「合点」と「香香颱風」は系列のグループがそれなりの店舗数を抱えているが、「合点」は神奈川海老名エリアに、「香香颱風」の系列は札幌と仙台に限られていた。参加店舗が全国チェーンではなく、個店の横断的な集まりだということは強調しておいてよいだろう。

財務を担当していた監事の齋藤芳春は、運営サイドも同じだと指摘する。

「実行委員をやっていた理事たちはほとんど1店舗か2店舗、せいぜい数店舗しか持たない若い経営者だったわけですよ。大嶋だって、朝礼で顔と名前こそ知られていたけれども、3店舗。そのほかの連中は繁盛店をやっていたとしても全国的には無名です。地方を訪ねても誰も相手にしてくれない。企業にサポーターで協賛金を出して下さいってお願いしたところで、業界的に何の力もない連中です」

齋藤は、居酒屋甲子園がまだ4人組の構想だった頃に大嶋から協力を頼まれたという。

「ある人の紹介で大嶋主催の初めてのセミナーに行ったのが最初の出会いです。居酒屋の日本一を決めるイベントをやりたいんです、と大嶋から聞きました。甲子園という名前にしたいとか何とかね。金はどうすんの、と聞いたら、『まだ決めてないんです』。イベントやったことあるの？　これはどうする？　あれは……と聞いても、どうやっていいかさっぱりわからない。まあ、無理じゃないの、しっかり計画ができた時点でまた会おうねって帰ったんです、その日は」と齋藤は笑う。

「そうしたらすぐに大嶋から連絡があって、もう一度会ってくれと。どうしてもやりたいんです、協力してくださいと言う。ああ、こいつならほんとにやるかもしれないな、一緒に夢見てもいいかなと思い直して一緒にやることにしたんです。それで、まずは協賛金3000万、集めてこいと」

ビールメーカーも問屋も、全国規模の大会社ばかり。彼らは全員、単なる取引先の一つでしかない。そういう彼らがまがりなりにも金を集め、全国の個店たちを組織した。

第1回の参加店舗は236。サポーター企業は60社。いまでも奇跡的な出来だと齋藤は思っている。

個店が個店を集め、大きな力となる——考えてみればたしかに、野球のチームに似ている。これが「居酒屋」甲子園としてふさわしいかどうかはともかく、大嶋の夢の一つが現実になった大会だったとは言えるだろう。

大嶋啓介が語る夢

第1回大会テーマ「夢」は大嶋啓介がこだわりつづけるキーワードの一つだ。現在の彼の名刺には「夢を与える男日本一」の文字が印刷されている。

居酒屋「てっぺん」は自由が丘店を皮切りに4店舗となったところで、これ以上拡大しないと決めた。その代わり、「てっぺん」からどんどん経営者として独立してもらうことにした。

最初に独立したのは、自由が丘店を一緒に創業した内山正宏の「なかめのてっぺん」。その後、やはり創業時からのメンバーだった吉田将紀が独立して「絶好調てっぺん」を開く。

大嶋自身は、株式会社てっぺんの社長は譲り、会長となった。現在の活動の中心は全国の企業や学校での講演だ。年間に100から150はこなしているだろう。高校野球のメンタルコーチも請け負って、いくつものチームを甲子園出場に導いている。

「野球部でも『本気の朝礼』を取り入れてくれています。相性がいいんでしょうね。甲子園という熱い目標とか、仲間に対する熱い想いとか、夢に向かう一体感とか」

自分がかかわったチームのことをじつにうれしそうに大嶋は語る。

しかし、夢という言葉はあまりに抽象的で、甘くなりすぎないか、と私はあえて訊ねた。もちろん、目標を持つことは大切だと思う。目標を明確にすることで初めて、現状と理想の距離を見定め、そのギャップを具体的に埋めていけるようになるのもわかる。けれどもそれを夢と言ってしまうと、情緒的になってしまわないだろうか。

「夢の定義はみんなちがうとは思うんですけど、辞書で引くと『はかないもの』って書いてあるんですよ。ひどいと思いませんか。大きくなければ夢じゃないと言う人もいますし、どうせかなわないものと思っている人もいる。でも大きくなくても、かなわなくてもいいんですよ。なにかこうしたい、こうなったらいいと思うことがあれば、楽しくなる。実現できるかどうかなんて考えなくていい。思い描くのは無料だし、自由だし、それを夢と言ってもいいんじゃないかと」

そう言って大嶋はノートを取り出して、夢を定義し直そうと思っていろいろ書いてみているん

ですと見せてくれた。

「最近は夢を持てって言わないようにしているんです。夢を持たなきゃいけないと思わせてしまうと、形だけ夢を持とうとして、よけいに自信をなくしますから。

それが拒否反応につながる。『夢とかうぜえし、そんなの自信ねえし、無理だし』って。でもたとえば、お金と時間があったら何したい？　と訊けば、『車買って遠くに行きたい』とかちゃんと答えられる。それって夢じゃん、て言うと、『そんなんでいいんですか？』って。自分の限界を決めて、望まないことが習慣になってる。それを変えたいんですよ……」

夢の話を始めると、大嶋は際限なく語り続ける。

「夢」が第1回大会のテーマだったことにあらためて言及すると、照れたように笑った。

「いまから思うと、甲子園に未練があって、居酒屋甲子園をつくったようなところもあるかもしれませんね。後付けですけどね。ただ、甲子園という言葉に単純にわくわくするんですよ。あ、夢とはわくわくするものって定義はどうですか?」

夢をどうやって日本中に広めていくか。大嶋は日々考え、進化している。だがそのことよりも、私には大嶋という人間がまったくぶれていないことが再確認できたのがうれしい。

個店をつなげて大きな力にする——。その大嶋の強い意志が第1回大会を成功させた。その意義は計り知れないが、大嶋自身にそれがどの程度具体的に見えていたかはわからない。いや、彼にもわかっていなかったのではないか。

この後、甲子園運動は大嶋自身の予想をはるかに超える展開を見せていくことになるのだ。

2 10年後を見据えた改革

拡大路線に舵を切る大会

第1回大会が終わった翌3月、熱海で実行委員による総括会議が開かれた。成功の余韻をみなで分かち合ったが、今後の大会規模をめぐって紛糾した。

大会成功の追い風に乗って、思い切って規模を拡大していこうとする意見に対し、現状維持をしながら足場を固めていくべきだという意見が対立した。

参加店舗2000店、大会参加者5000名。

最終的に掲げられた目標は途方もないものに思えた。第1回の参加店舗を一挙に10倍まで規模を拡大させようというのだ。

参加店舗を募るために各地方で行う勉強会や説明会も計画的に組織しなければならない。5000人規模となると会場運営の詳細なプランもいまから必要だ。

資金繰りの問題もある。参加費が入るまでにかかる費用も第1回とは比べものにならない。スポンサー企業への働きかけも急ぐ必要がある。

会議の成り行きを見守りつつ、事務局の清水香里は身震いが止められなかった。彼女の苦闘はこれから始まる。

清水香里の苦闘

清水香里は大妻女子大学で管理栄養学を学び、卒業後は業務用の食材卸売大手、株式会社久世に入社。外食企業相手のメニュー支援の部署に配属された。上場企業への就職、好きな料理にかかわる仕事、と娘の希望通りに進んだことに両親も喜んでいた。

そこで、前述したサッポロビールの梶浦清孝に出会う。

当時、サッポロビールでは、飲食店のメニュー知識を身につけさせるため、有能な営業マンを食品問屋に出向させていた。そのとき久世に出向で来ていたのが梶浦だった。

入社したばかりの清水はまだ飲食店の実態をよく知らなかった。だが、好奇心は人一倍強かった。それを見抜いた梶浦は、彼女をあちこちの繁盛店に連れ歩いた。

そのうちの1軒が彼女の運命を変えた。「てっぺん自由が丘店」だ。

「とっておきのスゴイ店に案内するよ、と言われたんです」と清水は言う。「たしかにスゴかった」

朝礼を見学し、店内の空気を震わせるほど威勢のよい接客を受けて、清水はいっぺんに魅了されてしまった。

こんな空気感、体験したことがない――。

何より店のスタッフが明るく楽しげで、彼らが働く姿はきらきらと輝いて見えた。

そこから清水の決断は素早かった。久世を退社して、「てっぺん」に入りたいというのだ。

これには両親も戸惑った。せっかく希望がかなった就職だったのに……。しかし清水の決意は固かった。

さっそく採用され、彼女は一店員として朝礼に加わり、接客にも出た。もともと人前で話すことが苦手だった彼女は、自分を変えようと努力した。

だが「苦手」意識が邪魔をする。

朝礼で「自分の夢を語る」のがどうしようもなくつらかった。いくら考えても夢が出てこない。そこで苦し紛れに自分の祖父母を引き合いに出し、「おじいちゃん、おばあちゃんに来てもらえるような店をつくりたい」などとおためごかしの夢を語った。そうして自分をごまかせばごまかすほどつらくなった。

もう無理だ。

生真面目すぎる彼女は、結局その苦しみから逃れられず店を辞めることにした。たった8カ月。だが、貴重な体験だったと彼女は言う。

大嶋は引きとめなかったが、当時「てっぺん」の副社長だった内山正宏が引きとめた。内山は清水が入社する前に久世に挨拶に出向き、きちんと引き受けると約束した手前もあった。しかしそれよりも、店で本当にがんばっている彼女を見てきた内山には、逃げるように辞めていく姿が痛ましく見えていた。

ちょうどその頃「てっぺん」が事務所を設けるという話があった。

「その事務所で働いてみないか」

居酒屋甲子園第1回大会の3カ月ほど前の出来事だ。「てっぺん」の事務所はたちまち、居酒屋甲子園の事務局代わりに使われだした。清水はごく自然にそちらの手伝いに忙殺された。

その時の清水には、まだ自分が何を手伝っているのかよくわからなかった。ただ夢中で仕事をこなした。一度だけ、大嶋啓介が事務所のベランダで悔し泣きしている姿を見たことがある。何があったのかは知らない。でも大嶋はすぐにケロッとした顔で戻ってきた。この人は本当に前しか向いていないんだ、と清水は思った。

第1回大会を会場で見て、清水は「てっぺん」と出会った時のように感激してしまった。自分はこんなにすごいイベントにかかわっていたのか、と。

「私に居酒屋甲子園の事務局をやらせてください」

終わった後、清水は内山正宏に申し出た。もう逃げ出したくないという一心だった。つらくて辞めるつもりではなかったのか、と内山は清水の本気度を問うた。

「今度こそ、逃げずに本気で立ち向かいたいんです」

「おまえの覚悟なのか」

「覚悟です」清水は即答した。

覚悟と気の緩み

大会成功の喜びにひたる間もなく清水は第2回大会の準備に入らざるを得なかった。

当時、事務局は渡辺修と内山が仕切っていた。渡辺が財務面、内山はもっぱら実行委員たちをとりまとめる人事面を担当した。当時のみならずその後の居酒屋甲子園にとって内山の存在は大きい。理事長や専務理事などの大役にはついていないが、理事としていつも中心で組織の流れを見守っていた。ちょうど組織の中心にどっしりと腰をすえながら財務の行方を見守っていた齋藤芳春の立ち位置に似ている。内山の人となりについてはあらためて述べることにしよう。

ともかく次の大会は規模が全然違う。店舗へ参加を募る広報活動、各ブロックごとの説明会準備、スポンサー企業の誘致、会場運営プランの策定……実行委員を含む幹部たちにも緊張感が求められていたが、連絡役の要となる事務局の役割は大きかった。

内山に問われ、覚悟を口にして清水の世界観が変わった。

休日とか給料のことはどうでもよくなった。実際、ＮＰＯ法人は事務局員に支払う資金もない。彼女の給料は「てっぺん」から出ていた。

毎朝、出勤前に第1回大会のビデオを見返す。事務局に舞い込んでくる仕事はすべて彼女一人でこなしていった。

一番神経を使ったのは全国に散らばっていた約50人の実行委員への連絡だった。みなそれぞれに居酒屋の経営者として忙しい。数店舗を経営していたとしても本部組織が整っているとは限らない。メールもろくに見てもらえないことも多々ある。FAXしても読んでくれたのかどうかすらわからない。

それでも彼女は腐らなかった。受け手の事情に応じて、媒体を使い分ければいい。勉強会のための資料も、ある人にとって動画が使いやすいとわかれば、いちいち動画を準備した。

彼女が気になっていたのは幹部たちの気の緩みだった。

第1回大会の成功で少し自信過剰ぎみになっていた。会議に遅れる者、会議中に携帯を使い出す者、さらには弁当を食べる者までいて、緊張感が薄らいでいるように感じられた。

「そもそも目的である『居酒屋から日本を元気に』というフレーズの意味をみんなそれぞれ自分の感覚で説明してしまうんです。居酒屋甲子園というイメージが勝手に一人歩きしているような状態でした」

資金繰りは相変わらず火の車だった。

前回からの繰り越しはたったの9万円。スタート時点から持ち出しは決定的で、参加費とサポーターの協賛金が入ってくるまで自由になる資金はまったくない。全国の参加店募集活動は相変わらず手弁当で、齋藤芳春の概算ではその金額は数百万円になっていた。覆面調査が始まったあたりから参加費が少しずつ入りはじめたが、到底間に合わない。協賛金を半ば強制的に集めるはめになった。

第2回大会に向けて幹部たちは参加店舗を募るため地方の勉強会、説明会に飛び回った。九州博多のｉｃｏｏ会や名古屋のＮＡＧＯＭＵ会など、歴史ある地方居酒屋の勉強会組織に顔を出し、参加を呼びかけた。ビール会社やぐるなび、東芝テックなどサポーター企業にも飲食店を紹介してもらい、地道に回った。

どの店舗も、前回はどちらかというと冷ややかな対応だったが、第１回が成功したと知ると、好意的になった。

しかし説明会では真面目に話していた実行委員が、懇親会の席は酒の勢いでハチャメチャになってしまい、ひんしゅくを買うこともたびたびだった。

抗議の電話が事務局にかかってきて、「これだから居酒屋のレベルが低いといわれるのだ」「無礼きわまりない振る舞いだった」とのお叱りを受けることがたびたびあった。社会的な訓練が不十分なまま、大きなイベントの組織化に立ち向かっていかざるを得なかった若き居酒屋経営者の未熟さが露呈したとも言えよう。清水は事務局の電話口で平謝りしながら、あらためて参加を促す役を務めた。

とはいえ、第１回大会成功の影響は大きかった。

参加店舗は７３９店舗。目標には届かなかったが３倍増だ。

あらわになった課題

２００７年３月13日、第２回居酒屋甲子園が開幕した。

会場のパシフィコ横浜には５０００名の入場者が押しかけた。

壇上店舗には、第1回大会に続き赤塚元気の店「いなせ寅衛門」（愛知）、「合点 本厚木店」（神奈川）も2年連続で勝ち抜いてきた。それに「東洋酒家はなれ」（群馬）、「くふ楽 本八幡店」（千葉）、「KOREAN CUISINE JYAPUCHE 雑菜」（兵庫）、「永遠の縁卓」（広島）と、6店舗が選出された。

大会テーマは「ありがとう」。そのため、プレゼンテーションのトーンは、従業員に感謝、親に感謝、仕事の恩人に感謝が主流で、やや第1回大会と似通った印象を与えた。

最優秀店舗には、前回も壇上に立った赤塚元気の「いなせ寅衛門」が選ばれた。

そのプレゼン内容は、第1回大会同様、感謝の原点、生んでくれてありがとうが強調されたものだった。その理念を現場に落とし込んで、どのように顧客満足と従業員満足を上げているかのリアルな報告が続く。

「世の中にこんなに本気なやつがいるのか」

この大会を見学に訪れていた「和民 仙台店」の佐々木強太はショックを受けたと語る。現在は仙台を中心に「伊達酒場強太朗」など3店舗を経営する佐々木は、のちに居酒屋甲子園の専務理事を務めることになるが、初めて見た第2回の印象は強烈だったという。

「ＦＣ店でしたが、自分なりに本気で仕事に取り組んでいるつもりではいたんです。でもこの大会に出てくる店の本気はちがった」

佐々木はとりわけ赤塚元気のプレゼンに心を打たれた。

「そうか、自分たちは社会の役に立っているんだと気づかせてもらって、涙が止まらなくなりました」

佐々木と同じように受け取った者は多かったのだろう。「いなせ寅衛門」は会場からの支持票を得て、日本一に選ばれた。

だが同時に、似たようなプレゼンが続いてしまったことに危機感を覚える者たちもいた。

理念は大切だ。スタッフのマインドの醸成も必要だ。しかし、そこが強調されるあまり、実践につながっているという側面が見えづらくなってはいないか。

第1回から実行委員を務めていた武長太郎は疑問を感じた一人だ。

「パフォーマンス的な側面が強くなってしまったと思ったんですね。これではそれぞれの店がどういう取り組みを実践しているのか、学びの側面はうまく伝わらないんじゃないか」

理念と実践。どちらか一方だけになってしまってはいけないことはわかる。

後述するように、以降の歴代理事長たちはそのバランスに頭を悩ませていくことになる。

運営上の課題もあらわになった。

会場運営に関しては、日ごろの規律の弱さが出てしまった。

まず、時間ぎりぎりに来る入場者の誘導に手間取り、定刻より10分遅れのスタートになった。

壇上店舗のプレゼンは20分を予定していたが、各店舗のテンションが上がりすぎて40分を超え、

60分におよぶところも出てしまった。結果、進行は遅れに遅れ、終了予定時刻を1時間半も過ぎてしまった。

入場者からのクレームが殺到した。特に遠方からバスでやってきた人たちは、すでにお金を払ってあった懇親会に出られなくなり、ここでもお叱りを受けることになった。

清水香里はショックで立ちすくんでいた。

1年間、「命を賭けて」大会成功を目指して事務局を守ってきたのだ。

「こんなはずじゃなかった」

すでに大会の途中から涙が止まらなくなっていた。

第2回大会で組織的未熟さはいやおうもなく露呈した。

涙を流して悔しがった清水香里は、しかし立ち止まってはいなかった。むしろここから、むき出しの本気を見せることになる。

清水香里の挑戦

清水がまず手をつけたのは、膨大なアンケート用紙の整理だ。

大会翌日から3月末まで、２０００枚のアンケートの仕分に没頭した。クレームの多さに、さすがにげんなりした。ここで、済んでしまったことだ、冷静になれ、と声を掛けてくれたのは齋藤芳春だ。その声に励まされ、前向きに捉えていこうと、良かったところを洗い出すことからはじめた。そこから課題をしらみつぶしにする。

整理して見えてきたのは、もう一度原点に立ち戻って、目的、理念を洗い直すこと、そして10年後のあるべき姿までを描き出しておくことの必要性だ。いま、これを集中的に検討しておかないと、組織がもたない。

ちょうど実行委員たちにも疲れが見え始めていた。清水は大嶋啓介に半年間活動を止めてくれと直談判した。

4月からの参加募集活動のスタートを、８月スタートに延ばすこと。

月１回の実行委員会を８月まで休止すること。

月１回の理事会も休止すること。

大嶋はその勧めをきちんと受け止めた。

しかし清水にとって本当の試練はここからだった。

一番の課題は、居酒屋甲子園の目的にまとまりがないことだ。

公式には「居酒屋から日本を元気にする」とある。だが、どうやって元気にするのか。元気になるとはどういうことなのか。その道筋が捉えにくい。みな勝手に解釈して動いている。これではまとまりようがない。

理念である「共に学び、共に成長し、共に勝つ」も同様だった。何を学ぶのか、成長とはいかなることか、勝つとはどうなることなのか。いかなる理念に向けて、参加店舗を募り、サポーターに協賛してもらうのか。第2回大会を準備していた段階から感じていた疑問だ。この原点を深掘りしなければ、組織をまとめることはままならない。

居酒屋日本一を決める大会と銘打っているが、日本一とはどういう店なのか、その定義も曖昧だった。本来は、覆面調査によって勝ち残ってきた優良店舗が決勝大会で競い合っているはずなのだが、当日のプレゼンの印象ばかりが前面に出て、想いの強さだけが競われてしまった。先述した武長太郎の感じた疑問も、まさにこの点にある。

時間の猶予をもらった清水は、原点からの見直しを始め、企画書づくり、仕組みづくりのたたき台をつくることに集中した。だが、この重要で膨大な作業を清水一人で遂行できるはずがない。

二人の助っ人

「彼女を見殺しにできない、早く家に帰してやらなければならないと思ったんですよ」

手助けを買って出たのは、実行委員の一人、益子雄児（現ROI社長）だった。

当時の益子は、ヤマトシステム開発の社員だった。その会社で飲食店向けのPOSレジなどの営業をしていたこともあって、第1回大会からスポンサー企業としてかかわっていた。だが大会を観て、鳥肌が立つほど感動してしまった。同世代にこんなに本気でチームづくりをしている人たちがいるのかと驚かされ、その感動の余韻の中で、気がついたら実行委員を引き受けていた。

益子は第2回大会の準備に一人追われる清水を見て、彼女をこのままにしてはおけないと感じ、週2、3回、本業が終わった後に、彼女を手伝っていた。事務局の裏側を知ってみると、「この状態では資金も運営もやがては回らなくなる」ことがよくわかった。

もともと本業で飲食企業支援フォーラムを運営した経験もある益子には、想いと勢いだけで立ち上げられてしまった組織の弱点がよく見えていた。

「ぼくはゼロイチの立ち上げよりも、そういう勢いを整理して形に落とし込んでいくのが得意な人間なんですよ。大嶋さんの言霊だけで出来てしまったイベントを、誰が見てもわかる、誰がやってもできるような手順に仕立て上げようと考えたんです」

もう一人、清水香里の決意と本気にサポートを名乗り出たのが、株式会社エバービジョンの取締役だった村上博志である。エバービジョンは、個人飲食店向けに業務用食材の通販サイトを運営し、個人店でも大手チェーン並みに仕入れコスト、流通コストを下げられるインフラを提供するネットベンチャーだ。第1回大会を見学してイベントに共感し、第2回から協賛企業として参加した。協賛候補の企業を紹介するなど事務局とかかわるなかで、清水香里の決意と本気に出会ってしまった。

「この子を見殺しにしてはいかんなと思い、サポートしました」

清水を駆り立てているのは純粋な志だ。そのことに村上はいたく感銘を受けた。ひたすら居酒屋甲子園をよりよいものにしようという志。そこに欲得や打算など入りようがない。そこまでして自分を賭けている清水に、彼は自分の経験と知識を惜しげもなく注いだ。

二人の協力で大きかったのは、課題の論点整理と運営体制の仕組みづくりだ。マニュアル化、アウトソーシング、デジタル化を進めて事務局業務を整理する。議事録とスケジュールを残し、組織図と会議のやり方を見直す。参加店舗や協賛集めのどこに問題があるかを見える化する。そこまでする必要があるのか、と弱音を吐きそうになると、そのほうが来年は楽だからと説明した。理事や実行委員、事務局が代わっても継続できる仕組みを残すこと、それが何より事務局長、清水香里の負荷を減らすことになると考えていた。

3人が目指したのは10年後の居酒屋甲子園だった。その時、外食業界はどうなっているのか、居酒屋甲子園はどうあるべきなのか、そのためのロードマップをつくる。3人の打ち合わせは、益子と村上が本業を終えた後の夜に行なわれることが多かった。そこに大嶋が加わるのは「てっぺん」の営業が終わった深夜になる。大嶋が思い描くビジョンをホワイトボードいっぱいに書き連ねていき、整理して形に落とし込んでいった。

明け方、清水は自分に「本気」を言い聞かせながら、池尻の自宅まで自転車をこいで帰る。そんな日々をくり返しながら、「第3回居酒屋甲子園企画書」はまとめられた。

66ページの企画書

清水、益子、村上による「第3回居酒屋甲子園企画書」はじつに66ページにもおよぶ。そこには第1回、2回を経て浮き彫りになった課題が明快に整理されているだけでなく、10年先の方向性を示した点が最大の特徴だ。実際、その後の居酒屋甲子園はこの企画書にほぼ添うかたちで展開されていくことになる。

課題は大きく「原点に立ち返る」「成長を続ける」「継続させていく」に分けられた。

第1の課題「原点に立ち返る」では、まず居酒屋甲子園を、外食業界で「働く人」が「最高に輝ける場」であり、「夢や誇りを持てるイベント」と定義した。参加するのは店舗ベースであっても「人」に焦点を当てたところにこの定義の意義がある。

居酒屋業界の厳しさは、求人をはじめとする「人」の問題が大きい。店舗も業界も、そこで働く「人」がいなければ始まらない。料理をつくるのも「人」、サービスをするのも「人」、生産者からお客様までつながった「人」のかかわり合いとして捉え直すこと。当たり前のように思えるかもしれないが、当時もそして今日も、外食産業は売上至上主義に傾きがちで、「働く人」は交換可能な労働力としか見られないことが多い。そのなかで、外食、居酒屋で働く人の価値を再確認しようという方向性はきわめて真っ当に思える。

「居酒屋から日本を元気にする」というスローガンは、「外食で働く人が輝けば、お客様が輝き、日本が元気になる」と言い換えられた。活気が「人」を介して広がっていくイメージはわかりやすい。それによって自分たちの立ち位置や目的意識も明瞭になる。

もちろんそれだけでは想いにばかり偏ってしまう。「働く人」の仕事の価値や成果を形として見えるものにしなければならない。そのための店舗評価なのだ。そこで「日本一」を「〈総合的に〉優れている店」と定義し直し、プレゼンと覆面調査の結果との連続性を重視する方向に舵を切り直した。今後は覆面調査で測られる「料理」「接客」「スピード」「清潔感」、プレゼンで示される「取り組み」「想い・モチベーション」の6項目が日本一に要求されることになった。第1回、2回の会場投票が「最もプラスの影響を与えた店舗」であったことに比べれば格段に明確になったが、この〈総合力〉の中身はこれ以降の大会で何度も問い直されていく。

「共に学び、共に成長し、共に勝つ」という理念は、誤解されやすい「共に勝つ」が「一緒に成果を出すこと」と定義された。勝つというのが相手を負かすことではなく、成果を共有し、分かち合うことと言い換えられたのは大きい。

第2の課題「成長」については、居酒屋甲子園に来場するメリットを高めることで、自然と大会規模が大きくなる状態をつくることを目指している。

そのための腹案をもってきたのは益子だった。彼は「居酒屋産業展」のなかに居酒屋甲子園を組み込めば、集客や資金の負担が軽減できるはずだと考えた。救世主のお告げのような発想だ。

益子はラーメン産業展の成功を見ていた。ラーメン産業展には、麺、スープ、トッピング食材だけでなく、厨房、インテリア、制服、食器など関連商品が展示され、2万人近い人が集まった。

そこでセミナーも開催され、経営の勉強の場も提供されていた。そこからヒントを得た。居酒屋でも同じような産業展が出来るはずだ。

そこで益子は、ラーメン産業展を成功させた展示会専門会社としてその名を知られていたトレードショーオーガナイザーズの田中洋行（現代表取締役会長）、堀正人（現代表執行役社長）の両氏を訪ね、居酒屋産業展構想を提案した。3日間の展示会期中、1日は居酒屋甲子園の本大会を、1日は外食セミナーを開催する。学びと感動と出会いがある食のプラットホームを創りたいと益子は説明した。「居酒屋産業展」とのタイアップ構想は企画書の「成長」分野の中核を占める。

第3の課題「継続のための仕組み」は、参加店舗募集の戦略とサポーターメリットの明確化が提案された。これまではいずれも各地でゲリラ的に開かれていた勉強会を組織的に行なおうというものだ。そのために、組織図が整理され、理事、チームリーダー、実行委員の役割と仕事内容とが詳細に記された。

10年後のビジョン

居酒屋甲子園を単なるお祭りに終わらせない。

清水香里にはその強い意志があった。第1回大会で覚えた感動は本物だ。このイベントは続ける価値があると信じたからこそ、事務局を買って出た。10年後を問うたのはその信念からだろう。

大嶋はそもそも最初から甲子園球場を会場にしたいと考えていたくらい「甲子園」への想いが

強い。その原点に立ち返って居酒屋甲子園の10年後を考えたらどうなるか。野球の甲子園と同様に、地区大会が行なわれ、全国大会へという流れが構想されるのは当然だろう。

第2回までは覆面調査でブロックごとに代表が選出されていたが、まずは東西に分けて、その後は三つのエリアで、10年後には7つのブロックでプレゼンを含む地区予選大会を開催し、地区優勝店舗が決勝大会へ、というビジョンが示された。

もう一つの10年後は、さらに大きな規模でイメージされている。

居酒屋は外食産業の一業態にすぎない。だが、この運動が拡がっていけば当然、カフェや寿司、料亭やラーメンなど居酒屋以外の業態でも甲子園が開催されるようになるだろう。そしてそれは外食以外の業種、美容、教育、士業など他業界にも広がっていくはずだ――。

10年後にあたる現在、居酒屋甲子園という運動はそのイメージをはるかに超えて拡がりを見せつつある。その実態については第5章で詳述しよう。

清水らの企画書に添う形で、第3回居酒屋甲子園は動き始めた。

軌道修正された第3回大会

業界を取り巻く逆風

2008年8月。

前回大会から約1年半の時を経て第3回居酒屋甲子園決勝大会が開催された。益子雄児の提案にそって、この年は居酒屋産業展との共催という形をとった。

この年は外食業界に強い逆風が吹いていた。長引く不況の影響がすでに色濃かった上に、食品偽装はこの年の流行語となるほど相次ぎ、産地表示偽装、ブランド偽装、商品の使い回し、消費期限切れの原材料の使用、さらには原油高による食材の高騰が世間をにぎわせていた。

「居酒屋から日本を元気にする」と掲げたのぼり旗に逆風が当たっていた。大会開会にあたっての口上では、そんな時だからこそ、足元を見つめ、地元の誇る宝物のような食材を発見し、地域の食文化を発展させ、地産地消の活動に目を向けようとの提言が理事の上山弘朗から述べられた。

その呼びかけに答えるかのように、第3回の壇上店舗6店から日本一に選ばれたのは、熊本市から来た「食彩浪漫 HERO海」。2007年11月のオープンからわずか1年たらずの店だった。

若き経営者、三瀬広海が生まれ育ったのは、熊本県南東部の天草半島最南端にある牛深《うしぶか》という小さな漁師町だ。九州でも屈指の漁港で、江戸時代からカツオ漁の基地として栄えた。

だが現在は過疎化が進み、漁業不振も深刻化。三瀬の実家は漁港のすぐそばで魚介を扱う食堂を営んでいたが、店を手伝ううちに三瀬は牛深の魚のおいしさを、九州、いや全国の人に知ってもらいたいと、独立して店をかまえる決意を固めた。

資金を貯めるため、妻と子どもを地元に置いて、名古屋にあるトヨタの工場で働いた。工場が休みの週末には、居酒屋甲子園第2回の優勝店「寅衛門」で働かせてもらい修業を積んだ。

三瀬の夢の実現のために集った仲間4人は、全員が保育園からの同級生。熊本のホテルで調理経験のある料理長以外は、バンドマンにニート、ダイニングバー経験者などほぼ素人の集団だ。同級生同士ではうまくいかないと周囲からは言われたが、牛深のよさを知る者たちだからこそ、想いを共有できると突き進んだ。店で使う食材の中心は、当初から決めていたとおり、牛深から直送してもらう海産物だ。

ホールを担当する山本浩平はニートで実家に引きこもっていたところを三瀬に引っ張り出された。山本が壇上で号泣しながら仲間への感謝を口にする光景はじつに感動的だった。「店づくりは人づくり」を地で行く「HERO海」は、はからずも居酒屋甲子園の本質を射貫く店であったと言えよう。

学びを増やす

第3回の参加店舗は770店。前回から微増した。

決勝大会の壇上に上がったのは、優勝した「HERO海」のほか、「炭火酒家 憲沙百」（熊本）、「原始炭焼 いろり家 東銀座店」（東京）、「心に花を咲かせるお店 花Ｔｒｉｐ」（北海道）、「男のガチンコ厨房 おうげん」（埼玉）、そして初回から3年連続で壇上を獲得した赤塚元気の店「炙一丁寅衛門」（愛知）だった。

プレゼンの内容や店舗の紹介からも、第2回の反省を踏まえた改善が試みられていることがわかる。想いの強さだけでなく、チームづくりや接客、オペレーションへの具体的な取り組みが盛り込まれた。

プレゼン終了後、投票結果集計までの時間には、前回までと同様、深見浩一が覆面調査結果の傾向分析を発表したが、今回からは壇上には上がれなかったが点数を伸ばした店舗の取り組み事例を紹介した。

大会翌日には、「居酒屋から日本を元気にするセミナー」と銘打ち、第3回までの歴代日本一店舗と大嶋理事長とでパネルディスカッションを開催した。

いずれもこの決勝大会壇上だけがすべてではなく、エントリーすることで得られる学びの部分を強調する試みだ。まだ萌芽にすぎないが、これ以降の理事長たちによって少しずつ練り上げられていくことになる。

居酒屋産業展は、居酒屋甲子園との共催という形が功を奏したのか、3日間で来場者は3万人に上った。

この大会をもって、大嶋は理事長を降りると決め、2代目に高橋英樹を推薦した。第1回の立ち上げのときから全国行脚し、人一倍汗をかいてきた高橋の選出に誰も異論はなかった。理事会は満場一致で高橋を選んだ。

2代目理事長・高橋英樹の利他精神

「大嶋啓介がいて、担いだ高橋さんがいて、造り上げた清水香里がいるというこの3人が、骨組みになっていたので、居酒屋甲子園は成立したと思っています」

村上博志はこう回想する。

村上は2007年秋に株式会社エバービジョンを退社、2008年から事務局で清水をサポートし、第3回大会が終了した9月には事務局長に就任した。今日の居酒屋甲子園の礎を築いた一人であることは間違いなく、また内部の事情を知り尽くした人物だ。その彼が高橋英樹をそう評していた。彼のみではない。立ち上げにかかわったすべての幹部が異口同音にそう言うのだ。

情と理の人

高橋は、第1回から第3回までの大会ではマインドに重心が置かれすぎ、接客コンテストと言われる傾向があったことを懸念していた。この大会の意義が充分に伝わっていないのではないか。自分が理事長をやるのであれば、経営コンテストスタイルに切り替えていこうと舵を切った。

「会社を継続していく力は考える力、仕事力によって支えられていく。マインドを縦軸とするとそれは横軸。そのバランスをうまくとっていくことが居酒屋甲子園の課題だ」

これには高橋自身の経営に対する反省もあった。

前章で述べたように、第1回の立ち上げの時期に、高橋の会社は2億を超える負債を抱えていた。先代社長から唐突に経営を託されたとき、彼には決算書も貸借対照表も読むことが出来ず、銀行に借り入れのお願いに行って初めてその事実を知らされたのだ。

高校を3カ月で退学処分となった中卒同然の彼には、馬鹿にされたような気分がした。その悔しさもあって高橋は財務の勉強に駆り立てられていく。経営組織論、教育指導論、経営計画のつくり方、経営発表の仕方などを1年間じっくり勉強し、自社の建て直しに取り組んでいく。大嶋啓介の涙に触発され、ともに全国行脚をしていた時期と重なる。矛盾した行動にも思えるが、「右手に志、左手にソロバン」という高橋のモットーにはふさわしい。まさに情と理を兼ね備えた人物なのだ。

理事長となって初年度の第4回大会のテーマは「深耕・本質追求」。マインドという縦軸と経営という横軸とのバランスを高橋はそのように表現した。

この大会から、予選には覆面調査に加えて書類審査が追加されることとなった。高得点で各地区を勝ち抜いた店舗には、最終予選で書類の提出が義務づけられる。運営ノウハウ、経営実績、メニューブック等のレポート、オーナー・店長・スタッフの作文を、業界誌とサポーター企業とともに審査する。これによって、覆面調査では見えてこない、店舗の内側の事情が見えてくる。より学びの多い店舗に壇上へ立ってもらおうという意志がここにはっきりと見て取れる。

第4回大会の参加店舗数は1103店。ようやくひとつの目標だった1000を超えた。

2度の覆面調査と書類審査を勝ち抜いたのは、「居酒屋 夢のや 相生店」(群馬)、『てっぺん渋谷 女道場」(東京)、「原始炭焼 いろり家 東銀座店」(東京)、「創作和洋ダイニングOHANA刈谷店」(愛知)、「創作居酒屋 花と竜」(福岡)、「琉球茶房 あしびうなぁ」(沖縄)の6店舗。

大嶋啓介が4回目にして初めて壇上に上がったことも注目されるが、「花と竜」のように過去の居酒屋甲子園を見学したことで刺激を受け、スタッフとの関係や店のあり方、何よりも自分の姿勢が変わったと述べる店が出てきた。居酒屋甲子園が業界内に確実に影響を及ぼしつつあることの証左だった。

日本一に輝いたのは、「創作和洋ダイニングOHANA 刈谷店」。

オーナーの松田真輔は理念と夢を大事にするが、同時にそれをどう具体的な形にするかに心を砕いている。お客に喜んでもらうというのは店にとってごく基本的な理念だが、松田は「お客様が日常から解放されるような店にしよう」と自ら客席でマジックを披露する。非日常を演出して、一時的にでも日常を忘れてもらうためだ。

「居酒屋はエンターテインメント性の強い業種だと感じています。僕はマジックですが、スタッフにはそれぞれの持ち味があり、天気予報ができるメンバーもいるんです」

プレゼンでは、女性スタッフの一人が、実家で両親が営む養鶏場の卵を使った店を開きたいという夢を語った。ＯＨＡＮＡは、新店舗をプリンとパスタの店にすることでその夢を実現した。そのスタッフは涙ながらにその時の喜びと店への感謝を発表した。

アルバイトリーダーが中心となって作成した新人スタッフ用のビデオマニュアル。お客と業者さん、その家族を年に一度招く感謝祭。マインドを押し出しながらも、具体的な取り組みに落とし込んでいるＯＨＡＮＡの優勝は、まさに高橋が目指した縦軸と横軸とのバランスにふさわしいものだったと言えるだろう。

リスペクトローカル

理事長となった高橋が最初に手がけたのは、運営体制の改革だった。支部長制を導入し、各支部ごとに実行委員を募るようにした。これによって実行委員は全国で１３０名を超えた。少数の理事・実行委員が全国を飛び回るだけでなく、地域の中でそれぞれに仲間を募る形にできたことは大きい。

居酒屋はそもそも店の周辺の住人を顧客とした商売だ。オフィス街やターミナル駅でなければ商圏は意外に狭い。全国の居酒屋、とひと口に言っても、その大半は地方にある。どの店もそれぞれの地域に根を張り、自分たちの町の活性化に取り組んでいる。こうした地方で活躍する仲間たちを増やし、応援しなければ、居酒屋から日本を元気にすることなどかなわない。彼らこそが居酒屋甲子園を支える礎だ。第1回の頃から全国を飛び回ってきた高橋の実感だった。

第5回の大会テーマを「リスペクトローカル」としたのはその想いからだ。

第１回居酒屋サミット　参加勉強会・団体

北海道	蝦夷前組／北海道飲食元気会
青森県	笑売繁盛会議
岩手県	盛岡笑売繁盛会
栃木県	とちぎ維新会
埼玉県	浦和飲食コミュニティ／On Your Mark／獅志會／新所沢飲食店倶楽部／蓮田飲食コミュニティ　ネオ・ロータス／東大宮飲食コミュニティ
群馬県	群星会
千葉県	千葉フードリーム
東京都	女将会／サードG／東京外食レッツ会／繁盛店への道（S1サーバグランプリ）
長野県	東信飲食勉強会／長野外食勉強会
新潟県	新潟維新会
三重県	AROUND4／KUHANA42／鈴鹿魂
岐阜県	G2会
愛知県	東海麺友会／NAGOMU／三河維新会
静岡県	居酒屋から藤枝を元気にする会／静岡維新会
大阪府	ほんま会／楽花成の会
和歌山県	和歌山の外食産業を盛り上げる会
京都府	京都TSUBASU会
滋賀県	AFO会
島根県	山陰GO郷会
広島県	廣島立志会／イズム会
香川県	一店思会
福岡県	Ic∞会／百年の会
熊本県	熊本飲食店グランプリ／やっちろやっ隊
宮崎県	なんじゃろ会
鹿児島県	大隅職の会／鹿児島勉強会
長崎県	長崎飲食元気会ホタル

その活動は、本大会前から始まった。パシフィコ横浜での決勝大会に地方からスタッフを連れてくることができる店舗は多くない。ならば自分たちから出向こうと、地区勉強会を開催し、理事、実行委員らとともに回り始めた。

回ってみると、地方にはすでに無数の勉強会やコミュニティーが存在することがわかり、彼らとの連携を深めていくことにした。全国の主要な勉強会は別表の通りだ。居酒屋甲子園は、こうした団体をつなぐプラットフォームになるべきだ。理事の一人、赤塚元気の提案で、地域の勉強会団体をつなげる「日本居酒屋サミット」も開催した。

各地の団体が交流することで、遠方の地域からの直接仕入れ、食材研修の受け入れ、名産品の仕入れなど、地域を越えたつながりが生まれ始めた。

そうして2010年9月30日、第5回大会が開かれた。参加店舗は1129店舗。日本一に輝いたのは「いざかや炎丸 亀戸店」（東京）。居酒屋甲子園を立ち上げた4人組の一人、深見浩一の店である。

東京の店舗をローカルと言えるかどうかは難しいところだが、与えられた条件は一緒である。「炎丸」がある江東区亀戸のマーケットは都心とは比べものにならないくらい小さい。東京でも、ターミナル駅や繁華街でなければ、せいぜい2、3駅が商圏と言っていい。住人の流動性の高さを考えると地方よりも条件は厳しいかもしれない。しかし、この地は都心と比べれば家賃は安く、リピート率が高い。それだけ顧客管理の能力が問われる。

「炎丸」の特徴は常連とのつながりが濃いことだ。常連のお客と海に行ったり、BBQ大会を開いたりしてコミュニケーションを丹念に積み重ねていく。その常連がいつのまにか社員やアルバイトになることも多い。これを深見は店内リクルートと呼ぶ。

それを支えるスタッフ教育もユニークだ。スタッフ全員参加の社内コンテスト「料理の鉄人」と「サービスの達人」、スタッフ同士が仲間の健闘ぶりを毎月評価する「ハッスル・オブ・ザ・マンス」、産地視察だけではなく自社農園で体験もさせる。さらには「商品知識テスト」「国語長文読解テスト」など意識向上の仕組みもある。

サービスも食材も、単によいものを提供するだけではなく、「その地域のお客様にとってよいもの」を追求するという深見の言葉は、ローカルの意味をあらためて考えさせてくれる。

想いを形に

第4回大会の総括スピーチで、高橋英樹は壇上プレゼン店舗に対し、こうお願いしたと述べた。「このステージは自分たちの言いたいことを言う場ではない。日本一になることを目的としたプレゼンはしないでほしい」

居酒屋日本一を決める大会と銘打ってはいるが、その根本にある志は、この大会を通じて一人でも多くの人に学びや気づきを得て、一歩を踏み出すきっかけとなってほしいとの想いだ。これは第3回大会を前に清水香里がまとめた企画書の趣旨をそのまま反映したものと言っていい。

「大嶋啓介がいて、担いだ高橋英樹がいて、造り上げた清水香里がいた」という村上博志の回想は卓見であったとあらためて感じる。大嶋の想いから始まった運動は、清水・益子・村上によって言葉を得た。そして高橋が理事長を務めた2年間で形を得た。

居酒屋甲子園は、次のステージに向けて着実に歩み始めた。

3 成長と成熟とその展開

3代目理事長・松田真輔の覚悟

2年間の任期を終え、高橋英樹が推薦したのは、第4回大会で優勝した「OHANA」のオーナー、松田真輔だった。

居酒屋甲子園には第3回からエントリーし、第4回大会では東海支部長、第5回大会では理事の一人として高橋とともに全国を回った。居酒屋甲子園と出会ったことで、自分自身も成長できたことはたしかだ。だが、理事長の大役を引き受けることには逡巡もあった。大嶋がつくった理念、それを方法として確立した高橋。その後をいかに切り開けばよいか。

松田は条件を付けた。

「全理事を総入れ替えしていただけるのなら」

居酒屋甲子園を新しいステージに進めるために、創設時のメンバーを入れ替えてほしい。大胆な提案だ。理念は引き継ぐ。だが、その理念は新しいメンバーで考えつづけるべきだと松田は考えていた。

全理事がその条件を受け入れた。ここがこの組織のすばらしい点だ。決してよどみをつくらない。新しい挑戦をみなが支える。細胞組織が不断に新陳代謝をするように、内部からどんどん入れ替わっていける。この柔軟性こそが、色あせずに継続させる原動力なのだとあらためて感じる。

２０１０年10月、松田新体制が発足した。

リアルを見つめる

松田が高橋とともに全国を回り始めた２００８年は、リーマンショックの年だ。日本中が経済不況の波に飲み込まれ、景気に左右される居酒屋業界も苦しい時代にあった。松田自身、少なからぬ影響を被った。「ＯＨＡＮＡ」がある刈谷市はトヨタのお膝元で、一気に冷え込んだ景気の影響を受けて売上は激減。苦境にあって勝ち取ったのが、居酒屋甲子園の日本一だった。

全国の店舗を回ると聞こえてくるのは、リアルに苦しい、きびしいという声ばかり。夢や想いだけでは経営が成り立たない、利益が出なければ誰も幸せになれない、きれいごとだけでは店はうまくいかないよ、と叱咤されることも多かった。

その経験を踏まえて、松田は第６回大会のテーマを「リアル」と決めた。これまでよりも現実的な側面に目を向け、立ち向かっていかなければならないと感じていたからだ。そのために、居酒屋甲子園の理事長として何をすればよいのか。

「まずは草の根運動をしたい」

松田はあらたに専務理事に指名した保志真人（株式会社キープ・ウィルダイニング）、藤田順也（株式会社蒲公英）、山川大輔（有限会社サン・カンパニー）にそう話した。彼も高橋と同じように地方の大切さを痛感していた。地方が地方のよさを自覚し、それを伸ばして元気にならなければならない。そのためには地方を知り、地方に同志を募り、地方にわれわれの想いを伝えることだ。

前回9カ所だった地区勉強会を25カ所で開催。文字通り全国をくまなく回った。参加者は延べ2400名を超えた。その甲斐あって、大会史上初めて47都道府県からのエントリーがあり、参加店舗は1421に達した。実行委員は200名を超え、理事20名の布陣で、2011年3月、1次予選が開始された矢先、東日本大震災が発生した。

松田は地元愛知で車を運転していて、一瞬めまいがしたのかと思ったという。到着した先で津波の映像を見て、すぐさま全国の仲間に電話で安否の確認を始めた。3日後には緊急理事会を招集し、予選の一時中断を決めた。この状況で大会は開催できるのか、いや開催すべきなのか。議論は深夜にまで及び、こんな時だからやろうと、予選会・決勝大会の2カ月延期を決定した。

事務局では義援金の受付を開始、同時に東北の参加店舗のスタッフ受け入れ支援を全国から募った。全国から続々と受け入れ表明が届いた。単に避難先というだけでなく、一時的であれ働く場所を得られることは被災者たちにとってありがたかった。

松田自身もすぐさま物資を積んで東北に駆けつけた。4月からは毎月数回、居酒屋甲子園の仲間が東北での炊き出しを行ない、7月には夢花火と称して花火大会を行なった。さすがに人をもてなし楽しませるプロフェッショナルたちだ。放射線漏れ、計画停電、風評被害、さらなる景気後退。苦しかったのは被災地の店だけではなかったが、彼らは走り続けた。

7月には覆面調査による2次予選を再開した。書類による3次予選の後、今回から最終審査として面談審査が取り入れられた。震災の影響で最終的に参加は１３６９店舗。

２０１１年11月15日、第6回決勝大会が開催された。

「やり方」ではなく「あり方」

「リアル」、より現実的な問題に目を向けようと定めたテーマに、決勝大会ではもうひとつ要素が加えられた。

「本質の追求」

原点を見つめ直すこと——。理事長として全国各地を回りながら、そして被災地支援の経験を経て、松田が見つけた答えの一つだ。どの地域も、どの店も、現実の苦しさにとらわれるあまり、すぐに使える手法や仕組み、小手先の「やり方」にばかり目が行きがちだ。それでは本当に大切なものを見失ってしまうのではないか。状況は刻々と変わる。当たり前だと思っていたものは一夜にして崩れ去ってしまう。そんな時にこそ、原点に立ち返るべきだ。

何のために、居酒屋を始めたのか。

何のために、居酒屋で働くことを決めたのか。

何のために店に立ち、料理を運び、お客様に感謝の言葉を伝えるのか。

それぞれの置かれている現実、リアルのなかでもう一度本質を追求し、原点を見つめ直す時期にきている。必要なのは「やり方」ではない、「あり方」なのだ。

第6回大会の総括スピーチで松田は5000人の観客にこう問いかけた。

「何のために学ぶのか、何のために成長するのか。何のために――」

これは居酒屋甲子園の理念そのものを問い返す発想の転換だ。私はこのスピーチを聞いて虚を突かれた思いがした。会場で聞いていた居酒屋人たちも同様だったろう。居酒屋甲子園そのものに、松田は大きな問いを突きつけた。

松田真輔の原点

松田真輔は、1977年、愛知県の知多半島の先端にある漁師町に生まれた。

居酒屋に出会ったのは、高校生になって始めたアルバイトだ。初めて手羽先と回鍋肉のつくり方を教わり、提供したものをお客様から「美味い」とほめられたことが、いまでも忘れられないという。料理も接客も、ダイレクトな反応をもらえることが楽しかった。

通っていた工業高校ではインテリアデザインを学んでいた。製図板と向かい合って、空間を構想することが楽しくてしようがなかった。いやなことがあると、いつも空想の中で図面を引き、出来上がった空間のイメージの中で遊んだ。夢を見ているあいだは自由だ。いつしか、自分の設計した店で自分の料理を出すことを夢見るようになった。

卒業制作には洋風の酒落たレストランを設計した。広い庭のある南欧風の建物に和のテイストを混ぜたものだ。卒業を控えたある日、偶然、そのイメージとそっくりのレストランに出会う。

エントランスから広い庭を抜けるとプロバンス風の屋根の店があり、扉の向こうには絵皿をあしらったシックなインテリア。まるで夢のなかにいるかのような錯覚を覚えたが、なによりもその店で働いている人が輝いていることに驚いた。進路を迷っていた彼は、その日のうちにその店「キャナリィ・ロウ」で働くことを決めた。

最初にたたき込まれたのは、店の理念だ。「幸せの販売、幸せの獲得」に始まる理念を開店前や会議の前に必ず唱和する。最初はどこか宗教的な感じがして違和感を覚えたが、これは要するに「何のために」店で働くのかを、自分で、根本から考えるためなんだと気がついた。

「いまでもその店の理念が言えるんですよ。18の時に覚えたのをそのまんま」

理念はお飾りじゃない。それは自分が「何のために」ここにいるのかを問いかける原点なのだ。松田がそのことを強く意識したのはこの店での経験だった。

数字に関しても大切なことを教わった。年間の利益目標から予算を組み立てていく事業計画のつくり方や、FL（原材料費と人件費）コントロールもその時にたたき込まれた。

入社した18歳の時、不動産業を営んでいた父親が、バブル崩壊のあおりを受けて18億もの借金を抱えることになった。父親は仕事先にまで電話をよこし、まだ就職したての息子に5000万円の借り入れの保証人になってくれと迫る。母親には泣かれ、姉は家を出た。

家族は完全にばらばらになった。結局彼は4年間で会社を去らざるを得なくなる。うつ状態で酒におぼれている父親の面倒を見られるのは自分しかいなかったのだ。

28歳の独立

約6年間、取り立ての電話が鳴る実家で父と同居しながらいくつかの飲食企業で働いた。店舗開発にもかかわり、立地の選定から、業態の決定、メニュー計画、店舗デザイン等すべてにわたる仕事をまかされた。これは彼にとって勉強になった。

その新店舗に一人の少年がアルバイトに来ていた。松田は彼を相手に、自分だったらこういう店をやりたい、こんなこともしてみたいと夢を語った。母子家庭に育ったその少年はいわゆるヤンチャで、アルバイト先を転々として流れ着いてきていたのだが、自分に向かって夢を語るような大人がいることに、おそらくは驚きもし、感激もしたのだろう。家に帰って松田の話をするようになった。

驚いたのは、母親と祖母だ。手を付けられなかった息子（孫）が上気して仕事から帰ってきては松田のことを話す。いったいどんな人物なのか、と二人は松田に会いに来た。

その祖母が豪傑な事業家だった。パブや料理屋を経営し、80歳になっても旅館をやるからと8億の借り入れをして悠然としているような人だ。松田と会って即座に「あなたは独立しなさい、物件はいま私が住んでいる刈谷駅前の古民家を貸します」と申し出た。家賃は坪1万。破格にも破格だ。それに1800万の融資もするという。

「孫を引き受けていただくのが条件です」

松田はその申し出をありがたく受けることにした。

刈谷駅は乗降客数も多くトヨタのお膝元だけあって就業人口も多い。飲食店はなにをやっても儲かる好立地だ。松田はその中で、最も強い業態を見つけ地域一番店を目指した。

2005年9月、「創作和洋ダイニングOHANA 刈谷店」オープン。「オハナ」は「家族・仲間・愛する人」というハワイの言葉だ。経営理念は「元気と感動と幸せの販売、元気と感動と幸せの獲得」。原点を大事にする松田らしい。

1号店は繁盛店となったが、松田は自分の給料も取らなかった。4万7000円のアパートに住みつづけ、8店舗の規模になるまで移らなかった。

翌年11月に2号店、翌々年6月には3号店を開いた。3号店で初めて4000万円という多額の借り入れをしたが、店の純利益はなんと30%という驚異的な数字をたたき出した。

居酒屋甲子園とかかわりを持ったのはこの頃だ。

第2回大会を見に行った松田は、覆面調査に興味を持った。覆面調査はお客の声が数値化される。自分たちの店は全国でどのくらいのレベルにあるのかを知るいい機会かもしれない。

第3回からエントリーし、第4回で壇上にあがり、日本一を獲得したのは前述した通りだ。

らしさの追求

震災の年に開いた第6回大会は盛況に終わった。2カ月の延期と復興支援活動は、図らずも仲間の結束を強め、地域間の交流を進めることになった。地方の勉強会も活性化し、繁盛店がまたべつの繁盛店を生む。居酒屋甲子園の目指していたサイクルが軌道に乗り始めていた。

「一番勉強になるのは人の会社、お店を見ることじゃないですか。普通なら見せませんよ。でもイザコー（居酒屋甲子園）の連中は、頼んだら見せてくれちゃうんですよ、全部」

第6回で専務理事を務めた山川大輔は言う。

「お互いのいいところを埋め合いながら、全国で1枚の絵をつくっていくみたいな感じでしたね」

現在の山川は、生まれ育った埼玉県の深谷を中心に8店舗の繁盛店をかまえる。父親から中華を学び、イタリアンの店での修業を経て独立したのは2002年、27歳の時。リタイアする父親の店を改装し、中華とイタリアンの創作料理「楽食空間 山」をオープン。たちまち予約の取れない店となり、最初の2、3店舗までは順調だったが、やがて行き詰まった。

「居酒屋の経営者ってノリとセンスと勢いでやってるケースが多いんです。でも2、3店舗くらいになると財務も勉強しないとやっていけなくなる。なにより人材が回らなくなりましたね。料理にこだわりすぎてオペレーションが増え、スタッフが辞めてしまう。そうすると味が落ちたと言われるようになる。CS（顧客満足度）だけじゃなくて、ES（従業員満足度）をどう上げるか、人材をどうやって育てたらいいのか悩んでいました」

山川は地元埼玉の居酒屋店主たちと「On Your Mark」という勉強会を立ち上げる。それが居酒屋甲子園との出会いにつながった。

「大嶋さんの講演に行って、気づいたら実行委員にされてました。第3回からです。ここで初めて理念とかビジョンというものの大切さを学びましたね」

高橋英樹が掲げたリスペクトローカル路線は、山川にも納得がいくものだった。

「だって全国で見たら、ほとんどの居酒屋は地方にあるんです。そこが元気にならなくて、どうして日本を元気にすると言えるのかってことですよ。もちろん都内に行けばトレンドは学べます、でもそのまま埼玉には持ってこられない。価格もちがいますし、客層もちがいますから」

学びは共有できる。想いは刺激になる。けれどそれをいかに自分の店で、自分の地元で形にするか。リスペクトローカルを進めた先で必ずその問いに突き当たるはずだ。

それを松田真輔はひと言で表現した。

「らしさの追求」

共に学び、共に成長し、共に勝つ。居酒屋甲子園の一つの形は見えてきた。開放的によいところを取り入れあうのはいい。しかし、そうしていたら土地ごとの持ち味を失って、みんな同じ顔の店になってしまうのではないか。これから大事なのは自分たちらしさだ。土地を知り、おのれを知り、そこにある強みを自覚して、自分らしさ、その店らしさを大切にしなければ――。

山川をはじめ、理事たちは思いも寄らないところから投げられた球に驚いたが、深くうなずいた。こうして第7回大会のテーマが決まった。

二つの新たな試み

この第7回大会から、全国9地区で地区大会が開催されることになった。1次2次の覆面調査は従来通り、その後は各地区ごとに優秀店がプレゼンで代表を決める。決勝大会の壇上店舗がそれぞれに地区代表という誇りをもって来ることの意義は大きい。

優勝旗もつくられ、以後は毎年、前年の優勝店舗から受け渡される形ができ、いよいよ甲子園らしくなっていく。清水香里がつくった第3回大会企画書に10年後のイメージとして描かれた図は、10年を待たずして実現することになった。

この大会で始まったもうひとつの試みが、店長認定制度だ。

理念や想いだけでなく、現場の「考える力、仕事力」の大切さを訴えたのは2代目の高橋だったが、それをさらに深掘りすれば、やはり現場を取り仕切る店長の力量が大きい。有名シェフや有名ソムリエがいても有名店長という取り上げられ方は少ない。そこでストアマネジメントのプロとして店長に光を当てようというものだ。

認定評価は、エントリーされた店の店長を対象にした覆面調査で実施される。求められる店長像は、①志が高く、②それを実現するための仕組みに工夫がなされ、③成果を出していること。45項目、5段階評価で調査され、3回の平均点によってA、AA、S、SSクラスの認定を受けられる。

クラス認定された店長は、決勝大会当日のスクリーンに映し出され、そこから2名の優秀店長が壇上で表彰される仕組みだ。

この店長認定制度は専務理事の保志真人がその骨格をつくっていった。壇上店舗のプレゼンテーション後に発表される優秀店長の表彰は一つの目玉行事として定着し、例年誰がどのように選ばれるか注目を集めている。

初の連覇

第6回、第7回大会の日本一は、福岡県から勝ち上がってきた「居心地屋 蛍 土人橋店」、初の連覇を成し遂げた。

大切なものへの気づき、が共通するテーマだった。第6回大会の壇上では、初代店長・高木隆二が、売上増のために熱くなりすぎて、スタッフを責めてしまっていた自分のことから話し始めた。ふとしたきっかけで仲間の存在の大切さに気づき、自分が変わり始める。

市場で競りに参加して仕入れる新鮮な魚介料理、握り寿司をお通しにするアイデア、ポイントカードでの顧客管理、近所の他店を紹介する新聞、蛍名刺でのお客とのコミュニケーションなど取り組みの紹介もあるが、クライマックスは高木隆二が4歳の息子を交通事故で亡くした話にある。大きくなったらお父さんみたいにお寿司屋さんになりたいと言っていた息子を失い絶望に沈むが、居酒屋という仕事も、生き生きと働く姿を見せられれば、子どもの夢になりうるのだとあらためて気づく。居酒屋を子どもたちが憧れる仕事にしていこうと熱く訴えた。

翌年の第7回大会では、一転して三陸の牡蠣生産者に対する復興支援と、高校生レストランの話が熱く語られた。地元の高校から、土日のみ高校生だけで運営するレストランの開店にあたって「蛍」に立ち上げを支援してほしいとの申し入れがあった。喜んでかかわることにしたが、いざ蓋を開けると料理の提供が遅れ、お客さんを待たせてしまうなど失敗続き。顧問の先生は悔し涙を浮かべて店を後にし、残った生徒たちが責任のなすりあいを始めてしまった。止めに入った「蛍」のスタッフは、「仲間を責めるのは、本気でその仲間とかかわっていないからではないか、その仲間の立場に立って見ていないのではないのか」と問いかけた。その言葉を機に変わっていく高校生の姿を見ながら、そのスタッフは、出来ないアルバイトを責め、ただ厳しく当たっている自分にあらためて気づかされたと訴えた。

連覇は居酒屋甲子園初の快挙だった。決勝大会では、会場に集まった全国の居酒屋関係者5000人の投票によって日本一が選ばれる。つまりこの結果が、彼らの期待しているものを示すバロメーターであることは間違いない。

「蛍」のプレゼンは、商品開発から接客まで具体的な「仕事力」の要素もあるにせよ、第3回企画書で指摘され、高橋英樹が懸念したような、マインド寄りのものであったことはたしかだ。リーマンショックによる不況、東日本大震災による消費の冷え込みもあり、全国の居酒屋人たちがもう一度、心を奮い立たせるメッセージを欲していたことは理解できる。ロジックだけでは店の経営はできない。従業員のマインドをつくることもまた飲食ビジネスには不可欠なのだ。

その一方で、第1回から3回大会まで強調されたマインドと「蛍」に表れたものとはどこか違うようにも感じる。その違いは何か。仲間への感謝、居酒屋の地位向上、働くスタッフのモチベーション。言っていることに大差はない。しかし当初は闇雲に表現されていたものが、「蛍」のプレゼンでは結晶化しているように思える。彼らはこれまでの居酒屋甲子園を充分に吸収して壇上に上がっている。いわば、居酒屋甲子園のマインドの一つの集大成だったのかもしれない。

多様性という解

大嶋啓介という男があそこまで純粋にがむしゃらに突き進まなければ、居酒屋甲子園はなかった。清水香里という女性が踏みとどまらせなければ、高橋英樹という男が舵を切り直さなければ、いまの居酒屋甲子園はなかっただろう。パズルのピースのように、必要な時に必要な人間が現れる。松田真輔の登場もまた、なにか奇跡的に思えてくるのだ。

運動体、組織体は、すべからく硬直化する。前例にならうことがよしとされ、本来の目的を見失ってしまいがちだ。その危うさを切り抜けながら、居酒屋甲子園は走っているように思われる。その原動力の一つは、彼らが個店であることを見失わないこと、組織でありながら、一律ではなく多様であることを力としていることにある。

松田は第7回の総括スピーチでこう語った。

それぞれの軸が、個性に変わり、やがて「らしさ」になる――。その軸とは言い換えれば強みです。会社が会社である証、お店がお店である証、あなたがあなたである証です。それに気づけたら、きっとそれぞれの「らしさ」が光り輝いてくるのだろうと信じています。

あなたのお店らしさって何ですか、あなたの会社らしさって何ですか、あなたらしさってなんですか――。きっとここにいらっしゃるみなさんの会社にも、誰に比べるまでもない、らしさがあふれていることと思います。それぞれのらしさを自分自身の誇りに、お店や会社の誇りに変えていけると私は信じています。

共に学び、共に成長し、共に勝つ。ばらばらだった全国の個店をつなぐ理念は、多様で個性的な店を生み出すエネルギーに変わっていく。私にはこれが、居酒屋甲子園の一つの成長の方向、成熟のあり方を指し示すものに思える。松田の功績は、この「らしさ」という言葉によって多様性という解を提示したことにあった。

松田真輔の忘れ物

２０１２年11月、第7回大会とともに松田真輔は理事長の任期を終えた。

その3年後、年商数十億の規模にまで育て上げた飲食事業のすべてを後進の28歳の若者に譲り、松田はプロ歌手の道へ転身した。時に38歳。

きっかけは、ある経営者からの問いかけだった。

「一番大事なものを置き忘れてきていないか」

家族のこと、スタッフのこと、お客のこと、いつも他人のことを優先してきた。でも、この自分は本当は何がしたかったんだろう。

その時、突然幼いころの光景が蘇ってきた。両親が言い争い、父親が母親を殴りつけ、母親は宙に浮いて吹っ飛んでいった。あまりのことに幼い松田はトイレに逃げ込み、ひざを抱えて号泣した。あの頃の自分に共鳴し、松田はあたりかまわず大声を上げて泣いていた。

あれから自分は、周りの空気に異常なまでに敏感な子どもとして育った。内省的になり、小学生にして自分は何のために生まれてきたのかと真剣に考えていた。

あのとき封印してしまったのは、自分だ。自分はさておき、どうしたら周りがよくなるかばかり考えてきた。結果として、すばらしい飲食企業をつくり上げ、居酒屋甲子園もやった。さて置かれた自分には……まだアーティストになる夢があった。

松田は自分の感性を揺さぶりながら、遅すぎる〈プロ歌手への道〉を悠然と走り始めた。

ストリート・ライブからスタートし、2016年、自主制作でリリースしたアルバム「Voice of Your Soul」は2000枚を売り上げた。故郷の半田市雁宿ホールのライブも成功させた。東海ラジオから声がかかり、レギュラー・パーソナリティーに抜擢された。40歳を迎えた年に、ユニバーサル・ミュージックジャパンからメジャーデビューが決まった。音楽活動を始めてわずかに1年。松田「らしい」快進撃と言えるだろう。

4代目理事長・山根浩揮の突破力

尾道の居酒屋大将

松田真輔の後、4代目理事長に就いたのは山根浩揮。有限会社いっとくを経営し、地元広島県尾道で居酒屋やカフェなど繁盛店を多数展開する地元のスター的存在だ。

山根は1974年生まれ。父親は持ち帰り寿司店や和食も出す焼き肉店を経営していたが、山根が中学2年の時に他界。母親が店を継ぎ、彼は何不自由なく高校を卒業、大阪の辻調理師専門学校で1年間、調理の基礎を学んだ。

地元に戻り、母親の店に入ったが、いきなり厨房で刺し場、盛り場、揚げ場を一人で切り盛りさせられるはめになった。キャベツの千切りもろくにできないのに、刺身、寿司、天ぷらまでつくらなければならない。調理師学校で1年学んだ程度でこなせる仕事では到底ない。しかも100席もある大型店で、週末には1日で100万円も売り上げる超繁盛店。体がぼろぼろになって半年で逃げ出してしまった。

ちょうど好きだった女性に振られて、何もかもいやになっていた時だ。数カ月プータローを決め込んだが、やがて両親から受け継いだ事業欲がむくむくと顔を出してきた。

最初に手を出したのが、古着商売。実家の自分の部屋で、家族や知り合いの古着を集めて古着屋を開業。チラシをつくり、近所の高校で配った。なんとなく軌道に乗り始めるとフリーマーケットからも仕入れるようになっていった。

チラシのおかげでお客はやってきた。高校生たちが呼び鈴を鳴らして「お邪魔しまーす」と言いながら、無遠慮に2階へ上る。その音で家中が騒がしくなり、さすがに同居していた祖父母からもクレームが出て、近くに移転することにした。古着の仕入れもだんだん板についてきて、商品は大量に回り始めた。

手狭になってきて、尾道駅の近くの物件に移転する時に、飲食を始めることにした。1階をバー、2階を古着屋にしようと考えていたが、母親から「和食はあきんけん、和食やり」と勧められ、鉄板居酒屋の店にした。1997年、山根、22歳の時である。

しかし鉄板焼きどころか、飲食経験はほんの少し。開業前日になって肝心のヘラがないことに気がつく有様だ。野菜や肉を鉄板で焼いてポン酢で食べてもらうという単純な料理で、縁日の出店に近い。若き勢いだけは勝っていたが、お店は閑古鳥。それが「遊食楽酒いっとく」の創業である。

その後、古着屋を移転し2階を座敷席に模様替えしてから、お店は繁盛し始めた。

2号店の「満天酒場あかぼし」も当たった。バブルの崩壊で日本経済が最悪の状態にあった時期だ。暗い世相をはねのけるかのような威勢の良い接客が時代にマッチしたのだろう。「やまねこcafe」、「FOOD BAR 924」と業態を広げつつ、次々に出店していった。限られたマーケットで山根は一人勝ちをつづける。恐いもの知らずになるのは必然だった。

冷やかしにいっちゃろう

尾道の隣町、福山には「ばくだん酒場」をオープンし、たちまち繁盛店となったが、これとは別の場所に物件を一つ押さえていた。四面冷蔵庫も製氷機も入れ、あとは業態をどうするかと思案しているうちに「ばくだん酒場」のほうが忙しくなり、人の手当も間に合わなかったため、やむなく物件を手放すことにした。

その物件を押さえて店を出したのは、当時福山でめきめきと頭角を現し、地元でも名を知られていた高橋英樹だった。負けん気の強い山根にはこれが気にくわなかった。

「地元のタウン誌かなんかで高橋さんがコメントを書いとるわけですよ。それがなんとなく気に入らない。まあ、高橋さんのほうも、尾道の山根いうのが福山にも出てきてぶいぶい言わしとるのおとか、思ってたはずですよ（笑）」

2005年、居酒屋甲子園の第1回大会参加店舗の勧誘のため、大嶋啓介が福山で説明会を開くことになった。その会場がなんと、高橋英樹のその店だという。

「ちょっと冷やかしに行っちゃるか」と、専務を連れて山根は会場に乗り込んだ。

高熱を押して来ていた大嶋の話は、ぐちゃぐちゃで「何を言っとるんかようわからん」し、説明する側にいる高橋の存在も気になって仕方ない。なにより自分は尾道界隈では6店舗を展開して充分に成功しているのだから、「共に学び、共に成長し、共に勝つ」必要などないと、いきがる気持ちが強かった。

こうまで意地を張りながらも、否定しきれない自分がいた。30歳を越え、これからの居酒屋人生をどうするか、考え始めていた時期でもあった。結局、誘われるままにレインズのパートナーズ・フォーラムの見学に参加し、居酒屋甲子園の実行委員まで引き受けてしまった。訳も分からないまま手伝い、第1回大会のリハーサルを見て、専務と二人で泣き崩れてしまう。

「なんや、同年代の人間で、こんなすごいやつらがおるんじゃと」

感動、悔しさ、恥ずかしさと羨望の混じった涙を流しながら、それでも素直に認められず、斜《はす》に見ている自分がいた。「やつらはやつらで勝手にやってるだけよ。おれはおれよ」とやんちゃ坊主のようにうそぶいた。

「内山さんとも喧嘩したし、（大嶋）大将にも噛みついた。深見ちゃんにはバックドロップ、（武長）太郎には蹴りを入れたし、保志くん以外とは全員と喧嘩しましたよ」

それでも居酒屋甲子園を離れなかったのが山根という人間の面白いところだ。第5回まで実行委員や西日本リーダーなどを務め、松田真輔のときに理事となる。

こんな問題児を高橋はかわいがり、いつも参加店舗を募る勧誘に誘い出した。山根も、高橋が孤軍奮闘する姿を間近で見ていたこともあって、あんなにも反発していたはずの高橋と共に各地を回り始めた。二人で手分けして勧誘をつづけるうち、徐々に意地もわだかまりも溶けていった。

4代目理事長に就任

松田のあとを継いだ山根浩揮も地方重視を打ち出した。自らも尾道という地元に強く根を張っており、高橋、松田と全国を回りながら地方の大変さ、大切さを肌で感じ取ってもいた。

2013年の第8回大会のテーマには「かくしん 地域から日本を元気に！」を掲げた。ひらがなの「かくしん」には「核心、革新、確信」の三つの言葉を掛けてあり、理念と想いを継承すること、新しい価値を創り出すこと、最高の大会を実現するという強い意志を持つことと説明された。いわば歴代理事長が築いてきたものの足場固めをしようという明確なメッセージである。

最初に取り組んだのが、地区体制の強化だった。本部主体ではなく、地区主体の活動にするべく、地区大会を前回の9地区から11地区に拡充して開催し、会場投票で各地区の優勝を決める仕組みをつくった。地区優勝という称号をつくることで目標をより身近に設定し、決勝大会の壇上店舗だけではなく、すべての店舗の取り組みを賞賛したいと考えた。

第8回の参加店舗は1390店。決勝大会の壇上に、地区優勝11店舗が優勝旗を手に入場する様は壮観だ。

日本一には、赤塚元気が念願の東京進出を果たした店「渋谷道玄坂ＤＲＡＥＭＯＮ」が選ばれた。この店については別の場所で詳しく触れよう。壇上スピーチでは、原価率の高いものと低いものを組み合わせてインパクトを演出するやり方や、新人教育を担う「Draemon 学校」などの仕組みが面白おかしく紹介されたが、会場の参加者に感銘を与えたのはスタッフのスピーチだった。元気が売りの「寅衛門」グループで働きながら、元気でいなければならないというプレッシャーから鬱になり、一度は店を辞めた女性スタッフ。求められるレベルの高さにやはり一度は逃げ出した男性スタッフ。どちらも「寅衛門」での経験が忘れられず戻ってくる。戻ってきた者を自然に受け入れる空気がここにはあると訴え、ニューヨーク進出の夢を語る。世界一の舞台で寅衛門の接客と空気感を伝えたい、それは社長の赤塚が言い出したことだが、もはや社長一人の夢ではない。「夢はみんなで見るもの。ぜひとも実現したい」とスタッフが熱く訴えた。

過疎が進む町での挑戦

第９回大会は、第８回のテーマを継続して「モア・リスペクトローカル」を掲げ、「いま、自分たちに出来ることは何か」との問いかけから始まった。この現実的な問いは、夢、理念、想いを語ってきた居酒屋甲子園に現れたひとつの変化と言っていいかもしれない。

壇上店舗のプレゼン内容にもその変化が見て取れる。

日本一に輝いた「感動のもつ鍋処 陽はまたのぼる府内店」（大分）は「地方から日本を元気

に」を文字通り予感させるすばらしいものだった。

大分県竹田市は人口2万4000人。65歳以上が占める割合は40%、日本一過疎化が進む城下町である。氏田善宣は、当初、修業した福岡で店を出すつもりでいたが、久しぶりに帰った郷里のさびれように衝撃を受け、この地で開業することを決意した。

2012年、ぼろぼろの古民家を改装し、13席のもつ鍋専門店を開く。まだめずらしかったこともあってか店は繁盛した。この小さな成功で、氏田は意を強くし、本格的な出店のために仲間を集め始めた。氏田はこの町出身の同級生たちに電話をし、訪ねていき、郷里を何とかしようと根気強く訴えた。福岡のフレンチレストランに勤めていた仲間には、「その豪華客船を下りて泥船に乗ってくれないか」とまで言って掻き口説いた。氏田の熱意に8人が集まった。そして2013年4月、「府内店」をオープンする。

とことん地元産にこだわった。水は地元の湧き水、野菜は地元の契約農家、豆腐は老舗のおばあちゃん、もつ鍋に使う具材もポン酢もすべて地のもの。竹田はトマトの名産地であることから「トマトスープのもつ鍋」も開発した。農家の方に教わりながら自家栽培も始めた。

過疎化が進むから店が成り立たないわけではない。飲食店には、過疎化の進む町をも元気にする力がある。そう熱く語った9人の居酒屋人はまさに「リスペクトローカル」の体現者だと言えよう。

生産者を育てるという取り組み

この大会で準優勝した「ｓｏｉ」も大会テーマにふさわしい店だ。

株式会社エレベーションの山崎聡は、新潟県の万代エリアにダイニングバーを3店舗展開する、地元万代にとことんこだわった居酒屋人だ。

「ｓｏｉ」のプレゼンで際立っていたのは、地元の農業専門学校と連携して立ち上げた「ＡＢｉｏプロジェクト」である。店のスタッフが実習農場に足を運び、学生たちの話を聞きながら、彼らがつくった野菜を使ってオリジナルメニューを考案する。それを店舗で提供し、お客には学生たちの想いを商品ストーリーとして伝え、そのフィードバックを消費者の声として学生たちに届ける。何の目標もなく野菜をつくっていた専門学校の学生たちは、食材をつくる喜びを知り、消費者が求めるものを実地に知ることができる。店のスタッフが生産者と想いを共有することの意義は言うまでもないだろう。生産者とつながるとか、自社農園を始めるというケースはあったが、生産者そのものを育てようというのはじつに画期的な取り組みだ。

山崎が独立したのは2002年。当初はお客もよく入り、まずまずの成功を収めていたが、2008年頃から、お客は離れ、売上も落ち、店の空気はどんどん悪くなっていった。なぜうまくいかないんだ、どうしたらいいんだと悩んでいた頃、居酒屋甲子園と出会う。

第3回大会の赤塚元気のプレゼンを目にして、なんだこれは、と愕然とする。壇上に規律正しく整列したスタッフ、圧倒的な指揮をとるリーダー。あまりのことに受け入れることすらできず、

「あんなのは居酒屋のすることじゃない、そんな暇があったらもっとお客様と向き合うべきだ」と否定した。ビジョンとか理念なんて大企業のもので、自分とは関係ないと思っていた。

本音はうらやましかった。時間が経つほどに、本当は自分もああいうふうに仲間と同じ方向を向いて、本気で目標に突き進んでいきたいのだと悟った。すねている場合じゃない。すぐさま赤塚元気の元を訪ねて、全店舗を見学させてもらった。

「赤塚だけじゃないんです。第4回の松田真輔、第5回の深見浩一、全員同い年。視座が高すぎですよ。あまりの差に打ちのめされました。でも第5回に連れて行ったスタッフが、ぼくらも出ましょうよと言うので、第6回からエントリーしたんです」

居酒屋甲子園に救われた、と山崎は言う。しかし「ｓｏｉ」のプレゼンを見る限り、彼は自分なりに、独自の地域とのつながり方を発見したのだと思う。居酒屋甲子園が示したのは、「一歩前に踏み出す勇気」だったのではないだろうか。

新たな挑戦・居酒屋大サーカス

山根が理事長に就任して手がけた事業の一つに「居酒屋大サーカス」というイベントがある。居酒屋甲子園が培ってきたおもてなしの精神を、直接消費者に提供しようという試みだ。47都道府県から居酒屋甲子園の仲間が一堂に会し、各地の食材、名物料理、地酒を各ブースで販売し、最後にお客さんの投票で最優秀店舗を決めようという催しである。

居酒屋甲子園は、同業者や関連企業に向けたプレゼンが主体となる。もっと消費者に直接居酒屋の魅力を伝えられるイベントがあってもよいのではないか、というのが山根の発案の意図だ。開催地の自治体からは場所の提供に協力してもらう。2014年5月に熊本で第1回が開かれ、特設ステージでは歌あり踊りあり、若者の熱気で大にぎわいだった。翌年の第2回が京都、第3回が新潟、そして第4回は山根の地元・広島で開催された。準備が充分でなかった熊本大会こそ赤字だったが、その後はなんとか黒字になっている。

広島での開催は、山根にとって特別の思い入れがあった。かつて広島には居酒屋甲子園に先駆けて広島飲食店グランプリというイベントがあった。約20社の飲食店が自らの活動を発表し、成果を共有しあう場となっていたが、イベントの中心人物であった日山氏を交通事故で失うと、自然消滅してしまった。ばらばらになって沈滞している広島の飲食店に再び火を点したいという想いが山根にはあった。それが広島大会で実現したように思えた。

居酒屋大サーカスは居酒屋甲子園からスピンアウトしたものにはちがいない。しかし、その広がりやつながりを、自治体や消費者、地域そのものへと広げた意義は大きい。

店づくりと街づくり

尾道という地方都市にドミナント展開する山根は、自分たちの店が街を活性化させているという自負はあっても、ことさら気負ってまちづくりに取り組んでいるわけではない。基本的には、一店舗一店舗をしっかり経営していくことで、結果としてまちづくりにつながるというスタンスは変えていない。

ＮＰＯ法人尾道空き家再生プロジェクトは、たまたま山根の中学時代の同級生が理事長を務めていたため、彼も副理事長としてかかわっている。このプロジェクトはすでに２００軒近くの再生に関わった実績もあって、全国に知られるようになったが。尾道は日本遺産に選ばれるなど観光地としての価値は評価が高まってきており、まさにこれからが勝負だ。

山根が手がける飲食店も大手資本とうまく棲み分けながら、尾道という街をつくる大きなピースとなっていくだろう。そこでしか体験できない、多様性を持った街をいかにつくるか。そこに自分たちがどうかかわるか。「世界に誇れる尾道」に向け山根は夢を大きく膨らませている。

高橋と行動を共にし、かわいがられたことで、山根は大きく変わった。他人のために身を粉にする高橋の利他精神を間近で目にすることで、他者とつながること、共に成長することの意味を深く自覚するようになった。

その自覚は自分の店の経営にも反映された。社員には自分で自主的に立案、行動することが徹底されてゆき、自身はその環境づくりに徹しようとするようになった。地域とのつながりもその一環と考えている。

かつて居酒屋甲子園にかかわりだした頃、あんなにも嫌いだった大嶋ら初期の中心メンバーとは今では戦友として付き合っている。居酒屋甲子園はかかわる者を次々に成長、成熟させていく。

山根はその好例だ。

5代目理事長・大谷順一の巻きこみ力

「大谷さんは理事長になって化けましたよ」と語るのは、山根体制で大谷とともに専務理事を務めた山川大輔だ。「昔は勉強会でも、毎回大汗かいて、カミカミでしたから。でもリーダーになって、ものすごい巻きこみ力を発揮しましたね」

大谷は、第2回大会から実行委員をつとめ、松田体制で理事になった。山根が居酒屋大サーカス構想を打ち上げた時には、山川と二人で実現のために奔走した。資金の準備もなく走り出してしまったがために、初回は本当に大変だったようだが、山川も大谷もいやな顔ひとつせず汗を流した。その大谷が、山根のバトンを受け継いだ。

亀有の商人魂

大谷は、東京都葛飾区にある亀有に生まれた。この地は商店街が昔ながらの活気を保ち、大谷も商店街のみんなに育てられたという。4歳の時に父親が失踪、女手一つで育てられたが、母の家系はみな商売人で、商売人気質を自然と身につけていったのだろう。

「中学の内申が17、偏差値が36しかなくて、推薦するところがないって言われたんですよ」

大谷はそう言って笑う。何しろ勉強はできなかったが、母親も親類も本人もまったく意に介していなかった。しかしせめて高校くらいはと、いつも名前の席順が一つ前になる友人を誘って受験した。「そいつのをカンニングして入りました」と悪びれずに語る。

卒業後は、高校生の時からアルバイトをしていた親類の八百屋でそのまま働くことにした。亀有では有名な店で、1日平均1500人のお客が訪れ、日商150万円から200万円を売り上げていた。近所のイトーヨーカ堂の野菜売り場担当は、チラシをつくる前にこの八百屋の値段を偵察に来て、キャベツ、大根、きゅうりをこちらより安く値付けする。しかしこの社長は平然としていた。ある日、市場に仕入れに行くと、「順一、この肉厚椎茸を100ケース買うぞ」と言う。かなり値の張る高級品だ。こんなの売れますか？　と訊くと、「いや、向こうがぺらぺらの椎茸を80円で売っている時に、うちはこれを100円で売る。キャベツや大根が多少安かろうと、絶対そのほうがお客さんは喜んでうちに来る」と言い切る。ほかでは安売りできないものを安く売ることに店の価値がある、という考えだ。

ちょうど消費税導入の頃だった。他店が「消費税はいただきません！」とキャンペーンを打つ中、社長は「堂々ともらったらいい」と、お客との信頼関係を信じて疑わなかった。大谷の商人魂はそんな環境で育まれた。

そんな彼が飲食の世界に入るきっかけは、配達に行った飲食店で、キビキビと仕込みをし、調理をする料理人の姿に憧れたことにある。早速、求人誌を見て懐石料理の店に飛び込んだ。大谷20歳の時である。

そこで待ち受けていたのが鉄拳の嵐だった。じつは大谷は箸もまともに持てなかった。偏食も半端ではなく、野菜はキャベツとキュウリだけ、魚はマグロしか食べられない。「おまえは和食の店に来る資格がない」と、毎日のように殴られた。大谷の面白いところは、飲食店の厨房は入門したては殴られるものと思い込んでいたことだ。飲食店で働く友人にその話をしたらあきれられてしまった。当時はともかく、いまはそんな店は少ない。

3年間修業したが、客単価1万5000円の割烹は自分には合わない気がして、東銀座の和食の店に転職した。客単価は8000円に下がったが、1日3万円しか売れない店だった。入店2カ月後、オーナーが突然、それまでの調理長に辞めてもらい、大谷に任せたいと言い出した。まだ修業中だからと断ったが、やるしかなかった。

やむなく弁当を販売することにした。当時は高価だった銀ダラを西京焼きにした弁当を700円で売り出すと飛ぶように売れた。原価は高かったが、これにハンバーグやコロッケの弁当も増やしていき、どんどんお客が付いた。

昼に1200円の刺身定食を始めると50席の店内がいっぱいになった。刺身に肉豆腐や天ぷらを1品つけて提供したが、押すな押すなの人気となり、当然夜の客も増え、日商40万円をたたき出す繁盛店に変貌した。

「こういう発想も八百屋で身につけたんでしょうね」と大谷は振り返る。価値あるものを安く売る。その原則は7店舗を抱えるいまでもぶれていない。大谷は亀有で育んだ商人魂で独立の夢に向かっていった。

「いつやるの？」

そろそろ独立を考え始めていた頃、「飯場銀座店」の店長をしていた大嶋啓介が自由が丘に店を開くというので見に行った。朝礼がすごいというので「どんなもんか」と冷やかしのつもりだったが、瞬く間に魅せられて常連の一人になった。

ある日、大嶋と話していると「夢はあるの？」と問われた。あわてて「独立して店を持つことです」と答えると、すかさず大嶋は問い返した。

「いつやるの？」

明確な日付までは意識したことがなかった。次の瞬間、大谷は30歳での独立を宣言してしまった。逆算して考えるとうかうかしている余裕はない。それから人生で初めての猛勉強を始めた。

第1回居酒屋甲子園は会場で観た。そこで赤塚元気のプレゼンに衝撃を受ける。スーツに身を包んだ従業員が整列して、声をそろえて理念を唱和する姿に「居酒屋の人間がここまでやるのか」とびっくりしてしまった。八百屋で商売人の感覚は身につけた。料理人としても腕を磨いてきた。だが人を育てるとか、組織づくりのことなど考えたこともなかった。経営者になろうというなら、これを学ばなければと、そちらの勉強も始めた。

独立は炉端焼きの業態にしようと決めた。ちょうど「てっぺん」の副社長だった内山正宏が中目黒で炉端焼きの店「なかめのてっぺん」を開業し、成功していた。そこで内山に頼み込んで独立するまで修業させてもらった。

2007年3月、北千住に「炉端焼一歩一歩」を開店。宿場町通りの中で競合店も多いが、あっという間に人気店になった。オープンして間もない頃、内山から電話がかかってきた。

「今沖縄にいるが、東京のほうを頼むぞ」

大谷の返事を待たず長距離電話はぷつりと切れた。「まだ店がどうなるかわからないなか、半ば強引に居酒屋甲子園の実行委員にされたんですよ」と笑うが、これも信頼感のなせる技だ。

クールローカル――発信力へ

2014年、理事長のバトンを継いだ大谷は「クールローカル」というビジョンをぶち上げた。歴代理事長のリスペクトローカルを継承した上で、さらに発展させた。いや、受け取りようによっては180度転換したと言ってもいいかもしれない。

「リスペクトローカル」の方針は、2代目理事長の高橋英樹の時代に始まる。居酒屋日本一を決めるとなると、どうしても決勝大会に目が向いてしまう。地方から中央に集まるだけでは日本を元気にすることにはならない。もっと各地に想いを共にして活動する人を増やそう、地方から活性化していこうとの発想がその根本にある。

「リスペクト」という言葉には、地方に目を向けようというニュアンスがどこかしらある。「らしさを見つけよう」、「地域に眠る宝を見出そう」と言い回しは変わっても同じことだ。

だが、クールローカルは違う。「地方に目を向ける」時代はもう終わった、との宣言だ。もはや「中央」も「地方」もない。すべては自分の立つ「地元」なのだ。その足場から遠くを見よう。この地元のすばらしさを全国、世界に発信していこうと宣言した。

大谷はクールローカルを「カッコいい地元」と言った。「ローカル」は「地方」ではなく「地元」になった。東京もまた一つのローカルに過ぎない。この再定義によって居酒屋甲子園は真の意味で「全国的な」運動になったようにすら私には思える。

世界ブランドへの挑戦

大谷が「クールローカル 名乗りを上げろ」のビジョンを掲げた第10回大会、参加店舗は、1482店舗。「クールローカル 次なる挑戦」とした第11回大会は、1679店舗に伸びた。居酒屋甲子園の活動が10年を迎えて着実に根付き、拡がりを見せてきた証だろう。

この2大会の全国大会で日本一に選ばれたのは、「燕三条イタリアンB・i t」「旬海佳肴一家」と、いずれも新潟県選出の店舗だった。この2店舗は、まさにクールローカルを地でいくもので、大谷のビジョンをそのまま体現したかのようだ。

新潟県燕三条は、江戸時代から金属加工の職人の町として知られる。国内洋食器では90％のシェアを誇り、ジョエル・ロブションなど海外のレストランでも使われる世界ブランドだ。にもかかわらず、この燕三条に金物と食を結びつける場所はなかった。ならばとオーナーシェフ秋山武士が立ち上げたのが「燕三条イタリアンＢｉｔ」である。

秋山の父親も、その道一筋50年の料理人。いわば食のクラフトマンだ。だからこそ、クラフトマン同士で手をつなげたら、との想いはあったが、最初は職人の食器すら入れられなかった。徐々に地元のお客さんたちに認められ、いまでは店の3階に一流クラフトマンによる食器を展示するギャラリーを併設し、店では箸やナイフ、フォーク、鍋類にいたるまで燕三条の名のある職人の手になるものを使用している。

観光で来るお客さんには地のものを、地元のお客さんにはイタリアからのめずらしい食材をと、使い分けながら料理を提供する。それでも食器はすべて燕三条ブランド。地元のお客さんからも「燕三条にこんなすごいものがあるなんて知らなかった」との声が上がるほどだ。

秋山は新潟を食を求めて世界中から人が集まるような美食の街にしたいという。スローガンは、「シンク・グローバリー、アクト・ローカリー」。世界のお客さんを相手にしながら、あくまで燕三条という地元を見失わないようにしようという想いだ。

居酒屋甲子園には第3回から観戦に通っていたという。本質、やり続けること、情熱、熱狂……。

居酒屋甲子園を観ながら自分の店を妄想し、実現したのが「Ｂｉｔ」だ。

この店が日本一になったことは大谷にとって感慨深かった。大谷は、とかく夢や想いが先に立って、料理や接客がその手段となっている状況をなんとか変えたいと考えていた。料理や接客を磨くことが、夢や想いの実現につながる。実践が先に立つあり方を指向した「Ｂｉｔ」はまさに大谷が思い描いた姿だった。

第11回大会優勝の「旬海佳肴 一家」も同じ流れの中にある。

新潟は何より食の宝庫だ。水も米も日本酒も、一級品が地元で手に入る。しかし「何でもあることは何にもないことだ」と、オーナーシェフの品田裕志は考える。当たり前に手に入る素材を、真似のできないものにするには、知識と技術、それを扱う板前としての心がまえが欠かせない。品田の店では板前講習を行い、米の炊き方から刺身の切り方、塩加減に至るまで理論も実践も教え込む。大谷が経験したような鉄拳や親方主義は見られない。

世界に新潟の食を発信する県のプロジェクトに参加した品田は、アメリカでその技を披露した時、言葉は通じなくても料理は通じる、食の力というものをあらためて思い知ったと言う。

「和の料理人には華やかさや派手さはないかもしれない。それでもいい。シンプルだけど真似のできないもの、商売ありきの簡単な料理ではなくて、プロにしかできない価値ある料理を提供したいんです」

価値をどう伝えるか。居酒屋人たちの自問自答は、まさにビジネスの本質を衝くまでに着実に成熟していると私は感じた。

表彰式で品田が「新潟県勢として選ばれたことがうれしい」と語っていたのも印象的だった。県と地域を代表してきたという誇り。これもまたクールローカルを示す好例と言ってよいだろう。

佐々木強太のロジック

大谷をサポートしたのは3人の専務理事たちだった。

のちに6代目理事長となる滋賀の細川雄也、仙台の佐々木強太、埼玉の杉田大輔の3人。なかでも佐々木強太は大谷に強く懇願されて就任した。

「大谷じゃなかったら断っていたでしょうね」と佐々木は言う。「自分の店を始める時、大谷の店を真似させてもらったんですけど、オープン前に大谷が、『大丈夫？　自分の店やるの初めてだよね。おれ、最初だけ入ろうか？』って。そんなこと普通言わないですよ。死ぬほどありがたかった。だから大谷の頼みは断れない」

おそらく恩義だけではない。大谷と佐々木はたがいを認め合っているのだ。

「大谷は感性の人間なんです。こんな店づくり、こんなメニューブック、字の書き方、盛り付け、アイデアがどんどん出てくる。ぼくにはその感性はない。ですけど、ロジックはある」

そのロジックを佐々木は「和民」で身につけた。大学卒業後、地元仙台での独立起業を目標にしてワタミに入社。店長経験を積み、資金も貯め、２００９年に仙台駅前で和民のフランチャイズ店を開業した。しかし、消費者の居酒屋チェーン店離れ、ブラック企業報道によるバッシングで業績が悪化し、そこへ東日本大震災が来た。１カ月営業できず、苦しい時に助けてくれたのは、居酒屋甲子園の仲間たちだった。松田真輔に誘われて実行委員を始めたばかりだった。

彼らと一緒に炊き出しに参加して、佐々木は初めて地元の生産者たちと出会った。和民は全国チェーンなので食材はセンターから届けられる。そのため食材豊富な三陸が控えていることに気づかなかったのだ。佐々木は地のものを生かした郷土料理の店を立ち上げることに決め、居酒屋甲子園の仲間たちの知恵と感性を借りた。

チェーン店しか知らないので、店づくり、メニューの構成や文字の書き方にいたるまで彼らに教わった。特に大谷のずば抜けた感性にはおおいに助けられた。大谷は準備の間もいつも気にかけてくれて「教えてやるから何でも相談しろ」と気遣ってくれた。

「伊達酒場強太朗」はそうやって仲間の協力を借りて開業した。

ＦＣ店のオーナーが現状で飽き足らず、自分で業態開発をする例は多いが、成功例は少ない。本部に頼る癖がついているからだ。だからたいてい別のＦＣに参加していく。

佐々木の場合は居酒屋甲子園とのつながりによって救われた。彼らはみな失敗を重ねながら自分の知恵と労力で店をつくり上げ成功している。その体験を惜しみなく開示してくれる。この新業態の開発は、彼の居酒屋人生を１８０度変えてしまった。

この佐々木の経験は「和民」そのものにも大きな影響を与えた。

石巻の「和民」に撤退の話が持ち上がっていた。立て直しを依頼された佐々木は店長やアルバイトスタッフを産地に連れて行くことから始め、地場の魚、野菜、日本酒を使った居酒屋につくり変えてしまった。看板と皿などを変えただけの「石巻酒場」は売上が30％アップ、月１００万円の利益を出す店に変貌を遂げた。その後、弘前、函館の「和民」を同じ発想で立て直した。チェーン企業にとって個人経営の発想は基本的には馴染まない。そもそもチェーン店は、メニューを統一し、食材の調達コストを下げ、リスクマネジメントすることで成り立っているからだ。佐々木が指南してご当地居酒屋に転換した「和民」は、現在では10店舗程度に増えているが、これを全国展開するのは難しい。ただこの成功が、チェーン企業のあり方にくさびを刺したことは疑いない。

逆に佐々木は、チェーン企業ではあたりまえに採用されているシステムが、個人経営の多い居酒屋甲子園の仲間たちには意外に知られていないことに驚いた。特に衛生管理と防災管理が手薄だった。

「みんないい店をつくってるのに、そういう管理はできてないんですよね」

包丁もダスターも、色分けで使い分けができる。そうしたチェーン企業の管理システムは、個人店でもすぐに採用できる。居酒屋甲子園の仲間たちは、佐々木がチェーン企業で学んだロジック、知恵をびっくりするほど貪欲に吸収しようとしている。佐々木は各地の勉強会に呼ばれ、居酒屋甲子園への恩返しのつもりで出かけている。

杉田大輔の献身

大谷が集めた3人の専務理事には暗黙の了解事項があった。次の理事長には細川雄也がつくこと。これを前提にして役割を決めていった。

細川は滋賀で店舗展開していることもあって、西日本は強いが、東北、北海道での人脈が弱かった。それで、そちらの方の勉強会はできるだけ細川にまかせ、2年間でしっかりと人間関係を構築してもらうことにした。逆に東北の佐々木強太が西日本を請け負う。

杉田大輔は、事務局仕事を担当した。予選、決勝の仕組みづくり、評価表の検討、オープニングの台本づくり、ビデオ「10年の歩み」の編集など、地味な作業をこつこつと着実にこなしてくれるので、事務局の評価も高い。10回大会、11回大会で開会宣言を務めたのも杉田で、これも安定感のある人柄に信頼があったためであろう。

杉田は大学卒業を控え、就職先をどうしようか悩んでいる時に1軒の居酒屋と出会った。埼玉県志木にある焼き鳥屋「カミナリ屋」。当時はまだチェーン居酒屋全盛の時代で、個人店などはとんどなかった。小さな店だが、お客との距離が近く、反応がダイレクトに見られる。飲食アルバイトの経験はあったが、何となく物足りなく感じていたのはこの近さだ。ぜひこの店で働きたいと門を叩いた。

5年ほど修業し、2006年に所沢で「炎家」をオープンし独立。居酒屋の店長が集まる勉強会で大谷と出会ったのが居酒屋甲子園との縁だ。第3回大会からエントリーし、同時にボランティア、実行委員を務めるようになった。

「理念や目的にはすんなり共感できましたね。でも、居酒屋甲子園とかかわることで、ぼくとしては業績うんぬんよりも、自分の仕事への理解が進んで誇りが持てるようになったのが大きいです」

この言葉にも杉田の篤実な性格がよく表れていると思う。松田理事長のときに理事になり、山根・大谷体制を支え、6年間理事を務めた。今も、一実行委員としてかかわりつづける同志だ。

いまでは「炎家」は、所沢、国分寺、飯能に4店舗をかまえる。いずれも個店勝負だ。

「だって決められたことをこなすだけの仕事ではつまらないですよね」と杉田は言う。「居酒屋同士って、そもそも町の中でライバルじゃないんですよ。お客さんを共有できる。そういう特性があるから個店でもつながっていける。互いを認め合うのも居酒屋の文化だと思うんです」

杉田も居酒屋を語り出すと止まらない。居酒屋に対する想いの熱さは甲子園にかかわる同志たちと変わらない。

6代目理事長・細川雄也の構想力

6代目理事長の細川雄也は、次の世代を背負う新しい感覚の理事長として期待されている。

細川が代表を務める株式会社 nadeshico は、滋賀県内に5店舗を展開しているが、2016年12月、渋谷松濤に東京進出1号店「ターブル・オー・トロワ」をオープンした。ここは農林水産省の6次産業化ファンドを活用して生まれた店で、料理を通じて地元滋賀の食材をアピールすることが目的だ。今まで地元の食材を使ってその店の独自性を強調する例はあっても、行政の助成金を引っ張り出して店をつくってしまう例はほとんどなかった。細川の出店の仕方を見て、居酒屋甲子園にかかわる人たちは新しい時代の到来を感じ取った。

また、細川は大学を卒業した後、JAで6年間サラリーマン生活を送っている。これも歴代理事長の経歴から見てもユニークな存在だ。

居酒屋甲子園も12回を重ね、社会とのかかわり方が問われ始めている。ノリと勢い、元気のよさだけではなく、想いをロジカルに示す成熟した姿が求められている。大人の対応、と言えばわかりやすいだろうか。細川のようなそれなりに社会的な訓練を積んだものがリーダーになるのはある意味必然と言っていい。もちろん、細川は経歴に関係なく想いは熱い。しかし経営や組織運営に関してはきわめてロジカルで、その手腕は高く評価されている。

ＪＡから飲食業へ

精悍な雰囲気を持ついまの細川からは想像しにくいが、小学生の頃は太っていて、メガネをかけたネクラな少年で、いつもいじめられていたという。「こんなつらい思いをせなあかんのやったら、なんで生まれてきたんやろう」と思い悩む日々だった。

父親は個人経営の運送業者。事業家としての父親に憧れていた彼は、腕力や勉強ではかなわないが、将来必ず社長になってみんなを見返してやるという決意を固めていじめに耐えてきた。

高校ではいじめはなくなり、ようやく伸び伸びと学校生活を楽しめるようになった。不思議なことに、ストレスがなくなったせいか、体重も減り始め、部活に熱心に取り組む生徒になった。いつか社長になるという夢だけは持ち続けていたが、大学に進学し、親の勧めに従って地元のＪＡに就職した。それが手堅く安定した道なんだと自分に言い聞かせた。

ＪＡにいる間、自分がどんどんサラリーマン化していくのがわかった。新しいことは何一つしようとしない雰囲気のなかで、定時ちょうどにタイムカードを押して帰ることばかり考える日々。唯一楽しかったのは、生産者たちにかわいがられたことだ。しかし、彼らの農地を回るたびに苦情を聞かされてもいた。苦労して育てた野菜や米が、なぜこんな価格でしか買ってもらえないのか。それを聞くたびに細川は胸を痛めていた。生産者の苦労に報いる方法はないだろうか。ＪＡにいるかぎり解決策は見つからない。飲食業でもやれば、生産者さんが望む価格で取り引きできるだろうということはわかっていたが、大学まで出してもらっておきながら、「水商売」に転職する勇気がなかった。

ある時、テレビで「和民」社長の渡邉美樹の話を聞いて衝撃を受けた。当時の「和民」は急成長のさなかにあって、料理もサービスの質もチェーン居酒屋のイメージを塗りかえつつあった。渡邉の語る飲食業は、従来の「水商売」とはまるで異なる、夢のあるビジネスだった。「夢に日付を」と熱く語られる言葉に奮い立ち、細川は渡邉の著書を読みあさった。腹は決まった。飲食店を、やろう。

ＪＡを退職し、飲食店を立ち上げる準備に入った。だが飲食店経営などしたことがない。業態、立地、サービス形態など、実務的課題が押し寄せてくる。思いあまって経営コンサルタントを頼ってみたが、前金１００万円を取られただけで、その会社は倒産。あとは自分の頭と体を使うしかない。

近江食材を生かした野菜料理や銀シャリを使った土鍋料理でメニューを構成した。力を入れた野菜のせいろ蒸しが、ヘルシー志向の流れに乗って大いに受けた。「創作和食ダイニング 菜でしこ 長浜店」は開業早々から連日満席、予約もいっぱいで順風満帆に滑り出した。

勢いを借りて1年半後には2号店を出す。しかし細川がいない1号店はスタッフの士気も下がり、料理も飽きられてきて客足は遠のき、売上は下がりつづけた。ついには給与さえ支払えない事態に陥り、細川はスタッフ全員に頭を下げた。

井の中の蛙

居酒屋甲子園に出会ったのは細川がこのどん底にあった頃だ。

２００８年、居酒屋産業展で「和民」の渡邉社長の講演があると知って上京し、同時開催されていた居酒屋甲子園第3回のパネルディスカッションを覗いてみた。深見浩一が司会を務め、大嶋啓介と歴代日本一店舗のオーナーが並んでいた。

「同世代にこんなパワフルな人間たちがいたのか！」と細川はショックを受けた。彼らは社員をいかに輝かせればよいか真剣に考えていた。自分がいかに井の中の蛙であったかを悟り、さっそくパネラーの一人だった愛知の赤塚元気の店を訪れ、その朝礼を目の当たりにして再度衝撃を受けてしまった。

自分の店に戻ると、すぐに赤塚を真似た朝礼を実施してみた。店は見る見る変わっていった。スタッフの士気は上がり、売上も回復した。

ここからが細川らしいところだ。2店舗が飽きられた原因を考え詰めた。近江食材を使っていても、自分の家でもつくれるような料理では、地元の人にしてみたら有り難くもなんともないじゃないか。よし、業態を変えよう。イタリアンに舵を切った3号店「NADESHICC DINER」と4号店「近江バル nadeshico」は狙い通り、繁盛店となった。

組織のあり方も大幅に見直すことにした。

nadeshico の理念「１０００センス、１０００センセーション」は、千の個性が千の感動の波を起こすという意味だ。「世界各地に1000店舗を」という壮大な夢も込められているが、組織組織をフラットにして、従業員の主体的な働きをくみ取っていきたいという想いがある。

「がんばろう」という理念や精神論だけではスタッフは動けない。そこでアンケートを積極的に取り入れ、CS（顧客満足度）を数値化し、どこを改善すればよいかを全員参加の研修会で共有、社員自身が改善策を提案していく仕組みをつくった。

各店には、毎月税理士から自店の月別損益計算書、貸借対照表が送られ、経営実態は社員全員に明らかにされている。洋食部門、和食部門は事業部とされ、それぞれ財務は事業部長にまかされている。これらは社員全員に経営者感覚を持たせる、という細川の意図である。

独立採算制もその一環だ。メニュー開発から組織管理にいたるまで、店舗にすべて権限委譲した。評価制度やインセンティブも検討中で、組織をフラットな拡がりとして展開しようと画策している。

これらは居酒屋甲子園とかかわるなかで、細川なりに導いたひとつのあり方だ。赤塚とは、店を訪ねて以来何度も会い、勉強会にも誘ってもらった。第4回大会からはエントリーも始めた。同業者と横につながること、「共に学び、共に成長する」の大切さを実感した細川は、居酒屋甲子園の活動そのものに積極的にかかわるようになり、山根浩揮の時代には関西支部長を、大谷順一の時は専務理事を務め、そのバトンを受け継ぐことになったのだ。

2016年の第11回大会には、1号店「創作和食ダイニング 菜でしこ 長浜店」が壇上店舗に選ばれた。

「壇上店舗になると、プレゼンをつくらなければいけないわけですから、自然と自分たちの仕事を整理して、自分の組織のあり方が客観的に見えるようになるんですね。社員もアルバイトも、自分の立ち位置を理解する。だから発表が終わる頃には見事なまでに組織が一つになります」

この店で、自分のしている仕事とは何なのか、自分のしたことがお客の笑顔となって帰ってきた時に感じる喜びとはどういうものなのか。ステージ上でそれを表現することによって、自分の仕事を再認識する。特に地方で働く人たちにとってそれは格別な意味を持つのだと、細川は言う。

求芯力に込めた想い

細川が初めて理事長として臨んだ第12回大会のテーマは「求芯力」。専務理事の山崎聡、魚住徹、大坪友樹とともに、全国の支部や勉強会に顔を出し、話し合いを重ねる中で細川がたどり着いたキーワードである。

10回大会で大谷が掲げたクールローカルでは、地元に根を張りながら、その土地の魅力を発信していく存在として居酒屋を位置づけた。魅力のある店は地元でお客さんを惹きつける。その店を中心に、町に、地域に活気が生まれる。別の魅力ある店が生まれて呼応し合い、地域の活気は同心円状に、日本中に拡がりつづける。それを実現するのは、個々の店の魅力をつくりだしている「人」、経営者、店長、スタッフの「求芯力」だ。生産者も取引業者も、かかわるすべてのひとの想いを惹きつける力である。松田真輔が打ち出した「らしさ」、軸という考え方をバージョン・アップさせたような印象だ。

2017年11月14日、第12回全国大会が開催された。

エントリーした1756店舗から優勝したのは「三好屋商店酒場深谷店」。深谷市を中心に埼玉北部エリアに、6業態8店舗をドミナント展開する株式会社サン・カンパニー、山川大輔の店である。山川は松田真輔、山根浩揮が理事長だった第6回から第9回大会まで、幹部の一人として居酒屋甲子園を支えてきた。自身の店のエントリーは第2回大会からしていたが、今回初めて壇上に上がることになった。

深谷市中心部は、夜になると閑散として人通りも少ない。そんな環境のなかで山川の店、「三好屋商店酒場」「いろはのゐ」「はまぐりや」はいつもお客で賑わっている。不思議な光景だ。

ローカルと都会との大きな違いは、平日と週末の客数の差だ。東京都心から1時間半という立地にある深谷も、平日はみな真っ直ぐに帰宅してしまう。ならば帰宅途中で気軽に、一人でも立ち寄れる店をつくろうと目指したのが駅前の「三好屋商店酒場」である。

「ま、いっか」と立ち寄る店。あれこれ迷って選ばれる店ではなく、「とりあえず三好屋行こか！」と入っていける店。そこには毎日でも食べられる刺身と焼き鳥が手頃な価格で用意されている。深谷で生まれ育ち、この土地のこと、この土地に住む人のことを知り尽くした山川ならではのコンセプトだ。

とは言え、商圏の小さなローカルゆえ、リピート客の確保は重要だ。「三好屋商店酒場」では名物料理の手羽先唐揚げ（4本380円）を誕生月には年齢の数だけプレゼントする。ただし持ち帰りはできない。一人では食べきれないから大人数を連れてくる、その人たちがまたリピーターになる、と、客数を増やしていく循環をつくりだす。

地元中学の校名をつけたハイボールもローカルならではだ。出身校の話に花を咲かせながら旧友たちと飲むグループを具体的にイメージした結果だ。もし、少し離れた町の出身でその校名のハイボールがなければ、新たにつくってしまえばいい。この適度なゆるさがこの店らしいリピーター戦略と言えよう。

ローカルで難しいのはもう一つ、人の採用だ。先に述べたが、山川が最初に独立し、2店舗、3店舗と順調に伸ばしていくなかで最初にぶち当たった壁は人材の問題だった。深谷だけでなく浦和にも出店すると、店と店が遠くなり、いきおい山川不在で営業を任せる機会も多くなる。

「スタッフの教育が疎かになってしまったんです。教育するより出来る人を採用すればいいと思ってたので」

歯が抜けるようにスタッフが辞めてしまう苦境の中で、山川は居酒屋甲子園に出会い、理念の共有の大切さ、人材教育の必要性を学んだ。

現在は、「共に活きる」の企業理念のもと、地元で採用し、丁寧に育てることに力を入れている。同じ会社内に、夫婦も親子も兄弟も一緒に働き、海外旅行もスタッフの投票で場所を決めるなど、和やかな雰囲気と風通しのよい環境づくりができているのだろう。

企業理念のほかに、店舗ごとのストア理念もある。どういう人をターゲットに、どういう店にしていくのかなど、ストア理念が書かれた事業計画書を店長が作成する。「三好屋商店酒場深谷店」のストア理念は、「深谷駅前元気印計画発信店」、ローカルの駅前を居酒屋から明るく元気にすること。まさに「求芯力」をそなえたクールローカルな店だ。

これからの居酒屋甲子園

理事長としてこれから何をなすべきなのか、課題は何か、と細川に訊ねた。

「初代の大嶋さんからみなさんがつないできて、ぼくが6代目。このつないできたものをゼロにはもちろんできないし、してはいけないと思います。でも新しい何かを付け加えていくとするなら、結局は居酒屋の、業界の地位向上ではないでしょうか」

居酒屋甲子園が当初から掲げてきた、外食産業の究極的な課題に細川は言及した。それが容易ではないことは彼も充分承知している。優れた学生アルバイトが、いかに店や仕事に理解や共感を示してくれていても、いざ就職となると、親の助言に従って他の業界に就職してしまう。自分がJAに就職した当時とあまり変わりがない。

しかし時代も変わっている。少子高齢化が進み、機械化・デジタル化が進んでいけば、逆にプロフェッショナル、職人の価値が高まるだろう。ロボットではできないことを考えれば、現場で働く人たちの地位、価値を上げていくことがますます重要になる。

「そのために、たとえばいま国がやっている『おもてなし規格認証』みたいなものと居酒屋甲子園がタイアップしたり、覆面調査で予選を勝ち上がり、壇上に上がることが『おもてなしのよさ』を保証することにつながらないかと」

官製ファンドを使って店づくりをした細川ならではの発想だ。居酒屋甲子園をずっと外部に、社会に接続させるアイデアだ。

「飲食業で働く人間のコミュニケーション力、これが他にはないものだと思うんです。製造業は製品と向き合いますけど、われわれはお客様と、あるいは働く仲間と向き合います。それには技術よりも人間力なんです。これを養っていくには店長という存在が大きい。居酒屋甲子園でも優秀店長認定をやっていますが、まだ足りない。プロ店長の地位向上につなげるような取り組みにどう変えていけばいいか」

若者たちの働き方に対する意識も変わりつつある。「自由で楽しく」をよしとする彼らに、居酒屋業界はどのように応えていくか。細川は自分の会社には店舗ごとの独立採算制を取り入れ、模索をつづけている。

「赤塚元気さんに前にお会いした時に、朝礼をもうやめようと思うって言うんですよね。20年近くやってらしたことを、あっさり変えていける。この対応力はすごいなあと思います。時代に合わせて、居酒屋甲子園も変わっていけることが大事だなと、つくづく感じますね」

細川の話を聞きながら、この変化はまちがいなく、彼ら自身の、居酒屋甲子園という活動自体の成長・成熟に向かっているのだと思った。

4 走り続ける卒業生たち

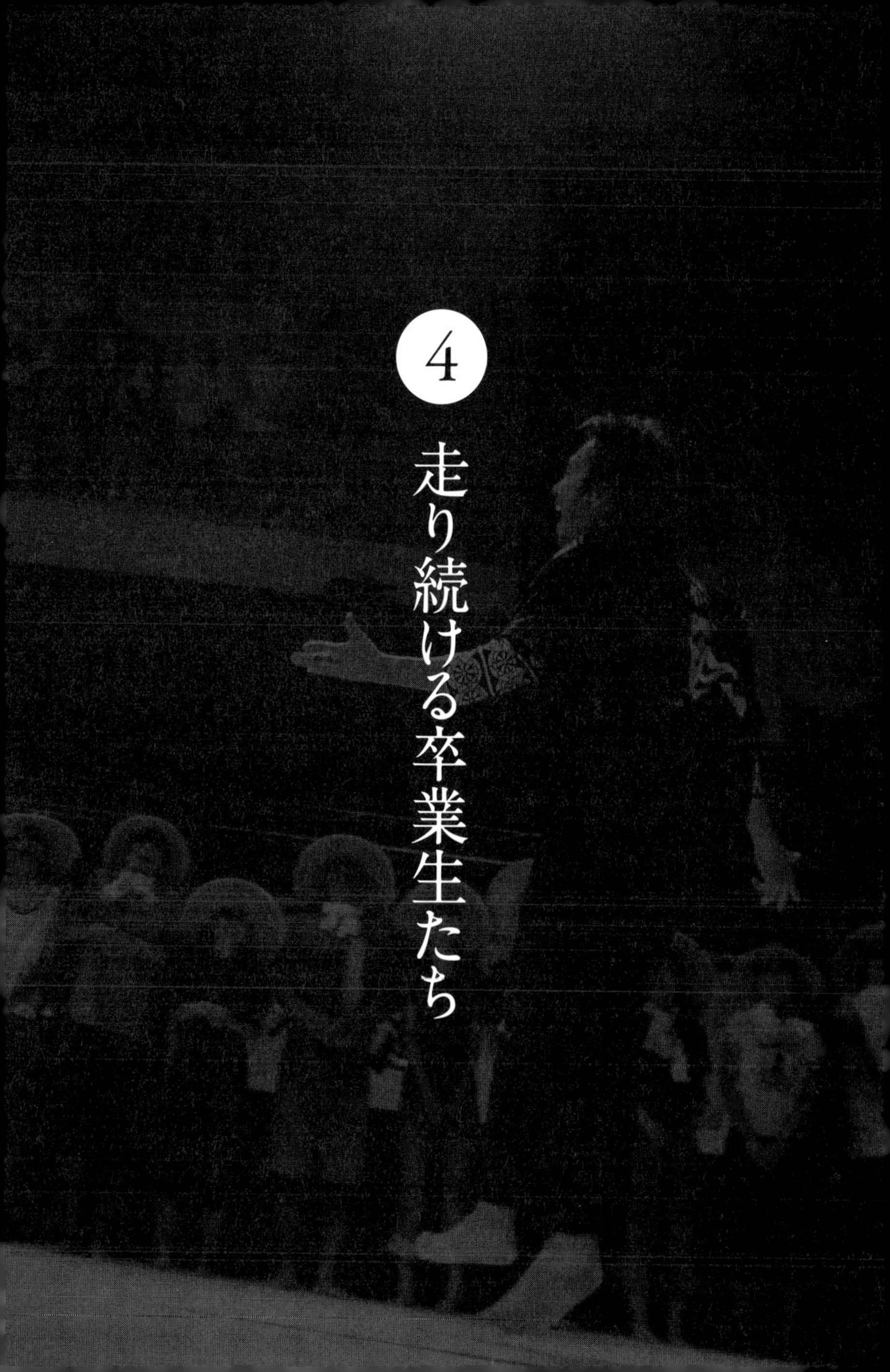

4人の若き居酒屋人から始まった居酒屋甲子園という組織は、幹部も実行委員も新陳代謝をつづけている。

「辞めてもみんな仲いいですよ」と創設メンバーの深見も赤塚も口をそろえて言う。請われれば勉強会に講師としてボランティアで出掛け、参加店舗募集に協力する。

創設メンバーに限らない。実行委員も支部長も、代替わりをし、卒業してもなお、居酒屋甲子園にかかわっている。そして卒業生たちは、居酒屋甲子園を通して学んだことをそれぞれに自分の事業展開につなげ、新たな道を模索している。それは後進の者たちにはロールモデルとなるだろう。ただ当人たちは、ただひたすら挑戦をつづけているにすぎない。

では卒業生たちはどこへ向かって走り続けているのだろうか。

上場に向け走り続ける
——赤塚元気

居酒屋甲子園を立ち上げた「4人組」の一人、赤塚元気も40代に入ったが、第1回から第3回まで、連続で決勝の壇上にあがった勢いはいまも衰えず、快進撃はとどまる気配がない。いままでは数年後の上場を目標として内外に公言している。

東京進出の夢を実現

1998年、父親が経営していた店を改装して「炙一丁」を立ち上げて以来、愛知県一宮に拠点を固めながら、赤塚は東京進出を夢見ていた。

2012年、渋谷道玄坂上に、30坪の1号店、イタリアン食堂&ワインバル「渋谷道玄坂DRAEMON」をオープンした（区画整理で今は移転して渋谷駅近くの飲み屋横丁の手前で営業しているが相変わらずの繁盛ぶりである）。第8回大会で決勝の壇上にあがり、優勝を勝ち取った店だ。

渋谷は言わずと知れた繁華街だが、道玄坂を上がりきったところにある交番までが飲食立地の限界とされる。そこからさらに池尻方面に入った立地では厳しいと言われたが、1階の路面店舗で視認性はいい。赤塚はあえてそこで勝負することにした。たしかに地方には、もっと厳しい立地でも圧倒的なインパクトで遠来のお客を集める繁盛店がある。赤塚はその存在を地方の勉強会で知っていたのかもしれない。接客についても料理についても自信を持っていた赤塚は、リピーターがつくと確信していた。

渋谷でターゲットにするのは若者層。だが若者の飲酒量は年々減少をたどる一方だ。大人数でわいわい騒ぐ大型の総合居酒屋も急速に姿を消しつつある。そんな状況を見た赤塚は、料理に力点を置いたバル業態で勝負することにした。

東京進出にあたっては、名古屋の店とは異なった店づくりに腐心した。東京は競争が激しい。一宮のようなわけにはいかない。アメリカのサンタモニカやニューヨークの店を参考にして、モダンな空間デザインを取り入れ、料理の味や盛り付けも試行錯誤を繰り返した。

「でも主役は店舗デザインではなくて、あくまで人なんです」と赤塚は言う。ここにも赤塚が最初に飲食を志すきっかけとなった宇野隆史の考えが反映している。「そうです。宇野さんに学んだことですね。接客も店にふさわしい洗練さを取り入れはしましたが、基本は人が接客することに変わりはありませんから」1号店は赤塚が予想した通り、予約がとれない店になった。

その2年後、2014年には恵比寿で2店舗を同時オープンさせた。

一つはカジュアルイタリアンの「レッジャーノ」。店名は、イタリアの代表的なチーズ、パルミジャーノ・レッジャーノから、イタリアっぽい、覚えやすい、響きがいいという理由で決めたが、店内のシャンデリアもそのチーズの形にし、心憎いほどの統一感がある。一流シェフを雇い入れ、質の高い味をカジュアルに提供することに徹し、原価率200%の「牛フィレとフォアグラのロッシーニ」やパルミジャーノ・レッジャーノをくりぬきながらリゾットを仕上げていく「リゾット・レッジャーノ」などレベルの高いメニューも用意されている。

もう1店は、「エスプレッソディーワークス」というニューヨークスタイルのカフェだ。オセアニアの有名ロースターのオールプレスの豆を使ったこだわりの味が売りである。

一宮で元気あふれる居酒屋を泥臭くつくりこんできた男が、洗練されたイタリアンからゆったりとした居心地のいいカフェ空間まで、幅広い業態を手がける。意外にも感じるが、一宮の頃から、いくつもの業態を試してきた経験が生きているのだろう。

「元気なだけの店ではこれから勝てない、だから料理人の育成を本気で考えなければいけないなと10年ほど前に思ったんです」

実際、赤塚は料理に気を遣ってきた。当たり前のように聞こえるかもしれないが、居酒屋経営者が料理人とまともに向き合うことは、実はなかなかむずかしい。オーナーシェフであれば自分が教えていけばいいが、そうでない場合はたいてい料理人に翻弄される。まして居酒屋の世界とはかけ離れた洋食の料理人の扱いは大変だ。だから赤塚は、飲食業で生きていく限り、料理人の育成という問題からは逃れられないと覚悟を決めた。

「調理の現場でよくあるのが、料理人がイライラしてホールスタッフに当たる。あれは最悪ですね。それをやるからホールのサービスが悪くなる。キッチンとホールのチームワークがきちんと出来ていることが気持ちのいい店の鉄則なんです」

教育の入り口は採用だ。価値観を共有できる人かどうか、素直さを持っているかどうかが鍵だ。チームワークには相手の立場に立って判断できるかどうかの資質が問われるからだ。

2016年、渋谷道玄坂に今度はメキシカン料理「パンチョス」という店を出した。看板もない店で、見つけるのは大変だ。このあたりも宇野の弟子を自称するだけある。お客が店を探すところからすでに物語消費が始まっているのだ。お客が店に来る理由をつくる、店に来たことを語りたくなる物語を用意する、と言うと簡単なようだが、料理や接客に自信がなければできない。

さらに2017年には渋谷宇田川町に「ミートバンク」という肉料理主体の新業態をオープンした。空中階にありながら、すでに界隈で話題の店となっている。

次々に業態をくりだしているようだが、コンセプトも店づくりも練り込まれている。新しく開店した店を訪れるたびに、赤塚の奥行きの深さ、そして成長と成熟をつくづく感じる。

上場を目指す

次はどんな業態を、と訊ねると「和業態ですね」と即答が返ってきた。秘密にしそうなものだが、居酒屋で熟知した業態ゆえに自信があるのだろう。

「この和業態、カフェ業態、バル業態を3本柱にして展開していく予定です」

赤塚が目指すのは会社の上場だ。

「居酒屋甲子園のみんなもそうですけど、30代から40代に差し掛かると会社の出口を考え始めるんですよね」

30歳くらいで借金をして店をつくり、組織もつくった。何軒か開いてはみたけれど貯金ができるほどもうからない。いつまでこんなふうに店をつくり続けていけるか……。たいていの個店経営者が行き詰まる道だ。赤塚はそこで止まろうとはしない。

「業務委託で自分の社員に店を分けていくケースが多いんです。でも長い目で見たらそれではうまくいかないんじゃないかと思うんです。元々は優秀な経営者なんですからもったいない。それならぼくと一緒になりませんか、と提案したい」

つまりはM&Aだ。ただし、会社とその仕組みを買い取るだけの拡大主義とは意味合いを異にする。同じ理念、同じ価値観を持つ経営者とフラットに横につながろうという提案だ。

「ぼくくらいの規模の会社が横につながっていく、同じグループとして強く大きくなっていく。これって居酒屋甲子園みたいだと思いませんか？」

まさに居酒屋甲子園のビジネス版だ。

「ゆくゆくは上場して、全国の優秀な経営者をつないでいきたいですね」

卒業したとはいえ、居酒屋甲子園は間違いなく、赤塚の核として生きている。

海外への展開
——深見浩一

独立を準備

深見浩一は、大学を卒業して入社したサントリーに在籍中から、30歳で独立することを決めていた。その後リンクワンに移籍してからも、決意は変わらず、居酒屋甲子園の第1回大会の終了直後、2006年3月に退職願を出し、開業の準備に入った。

リンクワンでは多くのことを経験させてもらったが、やるだけのことはやったと悔いはなかった。深見が退職する一方で、組織が成熟しないまま上場を果たしたリンクワンのほうは、上層部がまとまらず、どんどん人心が離れ、業績も悪化、やがて上場廃止から倒産へと向かう。深見は離れた会社とはいえ、それを反面教師のように見ていた。

深見がリンクワンから得たものの一つに、ナレッジといわれる成功事例の蓄積がある。店長派遣を主要業務とする会社だったから、派遣候補者はいつも150人前後抱えていた。彼らは派遣先から膨大なノウハウ、具体的な事例を持って帰ってくる。その成果をヒアリングしてマニュアルにまとめたものがナレッジと呼ばれる。

そもそも親会社のLCAがコンサルティング会社なので、ノウハウを蓄積する仕組みは出来ている。そのための部署があり、そこで整理された情報によってより精度の高い研修カリキュラムがつくられる。

あれだけ貴重なノウハウを持ちながら、リンクワンが内部崩壊したことを深見は残念に思ったが、自分はそのエッセンスを店の経営や居酒屋甲子園の運動に活かしていこうと決意していた。

「炎丸」と居酒屋甲子園

2006年11月4日、誕生日に新小岩で居酒屋「炎丸」を立ち上げた。リンクワンでさんざん成功事例を研究したこともあって、立地の選び方からして違う。そもそも都心の繁華街では家賃が高すぎて採算に乗せにくい。マーケットは大きいが、競合店も多く、お客のリピート率も低い。

東京とはいえ東のはずれであれば、家賃も安く、その分を原価や人件費に振り向けられる。比較的小さな商圏だが、ベッドタウンとして住人は多いからリピート率を上げていくこともできる。ただしそのためには、一度来店したお客に対する顧客満足度が問われる。

そこは深見のことである。これまでの成功事例を参考にしてつくった「いざかや炎丸」は大繁盛した。勢いに乗って、亀戸、本八幡へと出店を重ねる（第5回大会で日本一に輝いたのは亀戸店だ）。「炎丸」業態の店舗デザイン・テーマはいずれも京都で、新小岩店が町屋風、亀戸店が先斗町、本八幡店は池田屋旅館をイメージしている。いかにも京都で遊び歩いた深見らしい。

その後、「炎丸」をもっと日常使いで楽しめる業態として「炎丸酒場」が開発され、新小岩、五反田、葛西へと出店していった。

「炎丸」には、スタッフがやりたいと言い出した事業を会社として実現するという仕組みがあるが、スタッフからの提案で、学習塾「アクシス」を本八幡駅前で開校、「いきいきさらいふSPA」という介護施設を亀有と花畑で開設した。そして事業展開は海外へと進んでいくのだ。

海外進出を果たす

シンガポールに「炎丸」1号店を開業したのは2009年のことだ。

この地でゴルフのカントリークラブを営むオーナーが飲食店エリアのリノベーションにあたって和食ブランドを展開する相手を探しており、深見に話が来た。

ちょうど海外進出を考えていた時期でもあり、FCならば投資リスクは負わなくてすむ。

「いわば無料で海外を経験できる。いい話ですよね」

そうは言っても初めての海外進出で不安もある。そこで高橋英樹にパートナーになってもらい、炎丸インターナショナルという会社を立ち上げた。高橋とは居酒屋甲子園創設以来の付き合いでもあり、高橋が理事長時代には専務理事を務めたほど互いに信頼があった。

当時、シンガポールの日本料理は高級な寿司屋しかなかったから、そこへカジュアルで元気のよい総合居酒屋が登場し、刺身も寿司もラーメンもある和食屋として現地では受けた。この成功を見て、あちこちから出店の誘いが舞い込んできた。シンガポールのメインストリートであるオーチャード駅真上のビルに進出、上海、ジャカルタ、香港、広州へとFC展開していく。

順調なようだったが、居酒屋が受けるとわかれば、他の日本企業も進出してくる。競合店が増え、飽和状態となるのを見て、撤退を決めた。カントリークラブの1号店はオーナーの交代に伴い撤退、オーチャード駅の店は家賃が2倍に跳ね上がったところで閉めた。

もう総合居酒屋では勝てないと悟った深見は、株式会社ファンファンクションの合掌智宏社長に声を掛けた。合掌社長は「ご当地居酒屋」を広く展開し、メディアにもしばしば登場する有名社長だが、ちょうど海外展開を考えていたこともあって意気投合し、炎丸インターナショナルと組むことになった。

「コンテンツは合掌さんが考えて、料理は高橋さん、オペレーションはぼくらがやって、3人でシンガポールの1号店を立ち上げたんです」

それが「北海道酒場」のシンガポール店だ。これが繁盛して、シンガポールにFCでもう1店、ジャカルタ、香港、クアラルンプールとやはりFCで展開している。この専門居酒屋の成功事例は、日本外食企業の海外進出のモデルケースと見なされている。

「いまは蕎麦に力を入れてます。蕎麦はまだ向こうには浸透していないんですが、蕎麦は北海道の名産ですから、何とか蕎麦を売り込もうとしています」

深見の実務家としての読みの深さ、的確さは海外展開にも存分に活かされている。ただ決して自分の能力におぼれず、居酒屋甲子園の仲間とのつながりが不可欠なことも知っている。高橋英樹をパートナーとして選んだことも、オペレーションでは大谷順一や「炎家」の杉田大輔、「絶好調てっぺん」の吉田将紀の力を借りていることもその現れだ。

居酒屋甲子園の立ち上げに際して、理論と実務の絵を画いたのは間違いなく深見だ。しかし彼は大嶋の想いを実現したい、大嶋を男にしたいという一念でしかなかったとくり返し言う。この熱さこそが深見の真の強さなのかもしれない。

影の事務局長
――内山正宏

内山正宏は、第2章で清水香里の苦闘を述べた際に「てっぺん」の副社長として名前を挙げた。大嶋啓介とともに「てっぺん」を立ち上げ、居酒屋甲子園の創設にも理事、実行委員としてなくてはならない役割を果たした人物だ。飛び回る大嶋を影から支え、実務全般を取り仕切っていたのは内山だったと言っても過言ではない。

人の魅力が生きる場所

内山が大嶋啓介と出会ったのは、大嶋が「飯場銀座店」の店長をしていた頃だ。同じ銀座の近所の居酒屋で料理長をしていた内山の耳にも、名古屋の「かぶらや」グループが初の東京出店をするという話は聞こえてきた。どんな店なのか訪れてみた。

接客はたしかにすばらしい。テーブルに来た女性アルバイトに聞くと、「彼氏を名古屋に置いて店長に付いてきたんです」と言う。別の男性アルバイトは大学を中退して店長に付いてきたのだと言う。ここまでアルバイトに言わせる大嶋とはどんな男なんだろう、と興味を持ったのが始まりだ。二人はその夜のうちに意気投合し、お互いの店を行き来する常連となった。だが内山には大嶋がなぜこれほど人を魅了するのか、まだわからなかった。

内山が料理の道に進んだのは、コックを志していた父親の影響がある。１９７４年、福井県に生まれ、まもなく愛知の豊田に引っ越した。父親は食には金を惜しまない人で、家族で出掛けるのはいつも居酒屋か割烹。小学生の頃から神戸牛を食べさせてもらっていたという。

「当時はファミレス全盛でしたけど、ぼくは一度も行ったことがないんですよ」と内山は言う。

その父親は小学校5年生のときに借金をつくって夜逃げし、母親と二人で川崎に越したが、休みのたびに豊田で行きつけだった割烹に泊まり込みで預けられた。

店の大将は内山をかわいがり、調理場に入れて手伝いをさせることもあった。お客にもかわいがられ、「みんな、この大将に会いに来てるんだ」と気づいた。飲食というのは人の魅力にお客が集まる場所だとわかってますます大将に憧れを覚えた。

高校を卒業すると調理師学校で基礎を学び、横浜のロイヤルパークホテルの和食部門で2年間、浅草橋の一流料亭「亀清楼」で6年間修業し、腕を磨いた。しかしふと疑問を覚える。

「人の魅力で来る店がやりたかったのに、なんで自分は料理長に確認を取り、仲居さんに料理を出してるんだろう」

内山は「亀清楼」を辞め、カウンターでお客との距離が近い銀座の居酒屋に入り、大嶋と出会うことになった。

お客との距離は縮まったものの納得がいかないところはオーナー店長に進言した。

「内山くん、それは君が社長になってからすればいいよ」

そう言われると反論すべくもない。居づらくなってクビも同然で店を辞めた。

これからどうしようかと考えた末に、大嶋の店にアルバイトで入り、一度やってみたかったホールの仕事をやらせてもらうことにした。古参のバイト仲間にだめ出しされながら、一から接客に取り組んだ。1カ月ほど続けたところで、大嶋から調理場に入ってほしいと頼まれた。

「うちの料理を変えてほしいんだよね」

料理人だった内山からすれば、変えるべき点は多々あった。正社員の料理長はいたが、気を遣いながらも料理を少しずつ、大胆に変えていった。

ある日、店に泊まって寝ていると、大嶋が朝早くからやってきた。その日は店舗ミーティングが行なわれる予定で、大嶋はその準備に来たのだ。いまでこそ店舗ミーティングなど珍しくもないが、大嶋は早くからそれを大事にしているのがよくわかった。親方の言うことに従うことしか知らなかった内山には、「この店をこうしていこう」とスタッフに熱く語りかける大嶋の姿が眩しく見えた。大嶋の魅力の一端が見えた、と思った。

「てっぺん」と「なかめのてっぺん」

「一緒に店をつくらないか」

と大嶋に誘われたのは、調理場の手伝いを始めてしばらくのことだ。大嶋は内山の人柄を認め、独立のパートナーに選んだ。

そうして二人は自由が丘に「てっぺん」1号店を開いた。「飯場銀座店」の時から公開していた朝礼がメディアにも取り上げられ、開店早々、人が続々と押し寄せる人気店になった。忙しく飛び回る大嶋の代わりに内山は店を支えた。そうこうするうちに大嶋は「居酒屋甲子園をやる」とぶちあげた。

「普通は『独立』がゴールなのに、大嶋はその時には業界のことを考えていた。大嶋といると、できないと思っていたことができるような気になってくる。殻を破る天才なんですよ、大嶋は」

内山は「これが大嶋か」と感嘆しながら、サポートに回った。

この間に、清水香里が「てっぺん」に入社し、その際に前職の「久世」へ仁義を切りに行ったのも内山。挫折して辞めようとしていた清水を引き留め、事務所のスタッフとして引き取ったのも内山だった。並行して走り始めた居酒屋甲子園を、内山も懸命に支えた。

その一方で、店の経営方針で大嶋とのズレも感じ始めていた。「経営者が二人いてはだめだ」と忠告してくれる人もあったが、内山は「てっぺん」が好きだった。

3年ほど「てっぺん」をやった頃、大嶋はこれ以上店を広げないと宣言した。これからはどんどん卒業させる独立道場にしたい、と。その独立の第1号を内山がやることになった。

中目黒に場所をおさえた。大嶋からは「てっぺん」の名を使ってほしいと言われ、「てっぺん中目黒店」を求められていることはわかったが、もう少し自分が得意な料理にウェイトを置いた店にしたかった。やるなら炉端焼きがいい、と内山は考えた。炉端焼きはもともと函館で生まれ、70年代に流行った業態だが、当時はほとんど消え去っていた。鮮度が命のはずなのに、チェーンが参入して、鮮度ムラをなくすために乾物を増やしたのが衰退の原因だ。

大嶋の想いに半ば応えるかたちで、店名は「なかめのてっぺん」と決めた。当初は「なんだ、ここはてっぺんじゃないんだ」と言うお客さんもいたが、内山流の「てっぺん」に馴染んだのか、この店もほどなく繁盛した。

もったいない運動と家庭訪問

「なかめのてっぺん」が評判になると、炉端焼き業態を真似る店も出てきた。

苦々しく思ったが、行ってみるとたしかに工夫されている。

そこで、メニューづくりの発想を大きく変えることにした。本来はメニューに合わせて食材を仕入れるのだが、毎日手に入った新鮮で安い食材で、その日のメニューを決めるやり方に変えた。個人経営ならでは、料理人である内山ならではの思い切った方針だ。

いきおい仕入先の築地では素材選びに真剣になる。その内山の姿に信頼を寄せた仲買が「大きな声では言えないんだけどね」と呟いた。

「築地じゃ年間80億円くらいの魚を捨ててるんだよ。競り残った、傷がついてる、マイナーな魚だって理由でね。もったいないよ。こういうの使ってくれたらうれしいんだけどねえ」

じゃあ、そのまま「もったいない」を店名にしてぼくがやろう、と内山は立ち上がった。

「築地もったいないプロジェクト魚治」は、有楽町の新東京ビル内でオープンし、テレビでも取り上げられた。フードロス（食品廃棄物問題）が社会問題になっていた頃でもあり、店は順調にお客さんが入った。業界の人々も驚きの目で見ていた。安くて売れない食材を使っていることを逆手にとって前面に打ち出すとは、従来の居酒屋では考えられない発想だ。

この店を立ち上げてから思いがけない影響のひとつは、「ぜひうちの漁港に来てくれ」との要請が全国から寄せられたことだ。「だって築地に出してるのは売りやすい魚ばっかりなんだから さ、うちの浜で見てくれよ」

もう一つは新卒採用の志願者が増えたことだ。「もったいない」というミッションが響いたのか、優秀な若者たちが続々集まってきた。

もともと内山は、人材育成には人一倍心を配ってきた。毎年、社員の親元に歳暮を送っていたのもその一環だ。

「ところが時々、受け取りを拒否されるんですよ。なぜだろうと思ったら、親に勤めている会社の名前も店の名前も知らせていない。それは不気味に思いますよね」

そこで家庭訪問することにした。社員の実家を訪ねるが、そこでも当初は誤解の連続だった。

「お宅の息子さん娘さんの頑張りのおかげで、店はこんなに順調で……と話しているのに、親御さんはそわそわしてるんです。『で、うちの子は一体何をやらかしたんですか？』って」

内山としたら、子供を預かっている限り、ご両親に挨拶するのは当然と思ってしたことなのに、いまさらながら驚いてしまった。

やむなくアプローチを変え、ご両親と酒を酌み交わすことにした。そうするうちに親密になり、本音も出るようになる。「たまに実家に帰ってきてもすぐ友達のところに行って、戻ってきたと思ったら東京に帰ってしまうし、子供と仕事の話なんてしたことがないんですよ。いや、こんな話ができてうれしいな」

いまでは辞めたいという社員がいると、親御さんが止めにかかってくれるという。

内山の会社MUGENは「なかめのてっぺん」をはじめ12店舗を構える。それでも家庭訪問は続けている。義理に篤い内山らしい話だ。

商業施設への出店

居酒屋甲子園に参加する店主たちで、大型商業施設に出店する例は少ない。居酒屋は一人一人のお客と向き合い、リピーターを増やすことが大事で、商業施設は自分たちのやり方にそぐわないと考えているようだ。ところが内山は先駆けて、丸の内、横浜の商業施設へ出店している。

内山が最初に商業施設に興味を持ったのは、「サービスの神様」として知られる新川義弘が新丸ビルに出した店「リゴレット」を訪ねたことだ。店の雰囲気、料理、接客、どれをとってもカッコいい。いつか自分もこういう場所で挑戦してみたいと考えた。

ちょうど丸ビルに空き物件があるとの話が持ち込まれ、名乗りを上げてみたが最終役員面接で落とされてしまった。同じ丸の内の永楽ビルにも申し込むと、「居酒屋ではなく、専門店として出店してほしい」と要請された。

なるほど、そういうことかと合点が行った。大型商業施設のデベロッパーは、業態が居酒屋というだけで〝表通り〟にはふさわしくない、と思っているのだ。そこで「炭火と串焼きの店 なかめのてっぺん」として出店した。2012年の出店以来、いまでも売上1位を誇っている。

翌年、今度は横浜のランドマークタワーから話が持ち込まれた。開業20周年のリニューアルにあたって出店しないかという。ちょうど20年前、内山が調理師学校を出て修業を始めたのが、同じ敷地内にあるロイヤルパークホテルだった。内山は不思議な縁を感じた。

「内山さんところの元気のいい居酒屋に入ってほしい」

今度の担当者はそう言ってきた。丸の内店の実績が物を言ったところもあるのだろう。「居酒屋」のイメージが少しずつでも変わってきたことが何よりうれしかった。内山はよろこんで商業施設への2軒目の出店を決めた。こちらも売上は1、2位を争う。

大型商業施設に入ってみて驚いたのは、お客が来るのは当たり前と思っている店舗が多いことだ。たしかに商業施設には黙っていても人が集まる。しかし、街場の路面店で、何とか一人でもお客さんに入ってもらおうと閉店時間を延ばして応じたり、次の来店につながるようなサービスを提供しようと努めてきた内山には、やはり当たり前とは思えなかった。路面店でのサービス力、店員の意識の高さをもってすれば、商業施設での成功は当然とも言えるだろう。

立て続けに大型商業施設へ出店しながらも、路面店舗の充実・拡大を忘れたわけではない。2014年には中目黒の「ふたつめ」をリニューアルしてはまぐりの専門店「はまぐり屋串左衛門」を、2016年には同じビルに鍋料理専門店「吉次蟹蔵」を出した。総合居酒屋が衰退しつつある時代に対応するかたちで専門店化を図る。ここに内山のバランスのよさを感じる。

大型商業施設は売上は確実に取れる。次第に「お客さんが来て当たり前」の意識が自分たちにも出てきていないか、内山は危惧する。だからこそ商業施設一辺倒ではなく、路面店への意識を強めている。居酒屋甲子園の卒業生らしい優れた判断だ。

居酒屋からブライダルへ
——武長太郎の挑戦

2017年12月12日、武長太郎率いる株式会社一家ダイニングは東証マザーズに上場を果たした。居酒屋甲子園卒業生初の快挙である。

千葉県内ではその名が知られた「こだわりもん一家」「屋台屋博多劇場」をベースに飲食部門で業績を伸ばし、5年前に進出したブライダル事業も順調に推移している。

武長は、居酒屋甲子園立ち上げから実行委員としてかかわり、第4回、5回大会では理事として貢献し、5回大会が終わった時点で卒業することにした。最初の3年間、この組織で多くのことを学び、あとの2年間はその恩返しとして奉仕した。その頃には若い経営者たちが続々と後に続き、居酒屋甲子園を支えている姿を見て、「もういいかな」と判断した。

もちろん、卒業したとはいえ、創設以来の仲間たちとの交流は続け、互いに刺激を与え合っているし、呼ばれれば居酒屋甲子園の勉強会の講師も引き受ける。武長にとって大切な原点の一つであることは変わりない。

一家ダイニングの誕生

彼も、多くの仲間がそうであったように片親に育てられている。両親は小学生3年の時に離婚し、彼は母親に育てられた。

母親は本八幡駅の近くにクラブ（当時はラウンジと呼んでいた）を経営していた。30人以上のホステスを抱える、市川市では有名な社交場であった。母親が店に行って、夜は家に誰もいないのを良いことに、武長の家はいつも友達のたまり場だった。高校生になると、店が休みの日に鍵を開けてこっそり入ってドンちゃん騒ぎをしたり、バイクを乗り回したり、やりたい放題。遊びに夢中だった。

そんなある日、バイク事故を起こした。見舞いに来た母親が武長にこう言った。

「私、昨日お客さんになんて言われたか知ってる？　どうせ水商売の女が片親で育てた子供だからな、だって」

自分はともかく、女手ひとつでここまで育ててくれた母が馬鹿にされることが許せなかった。よし、名のある大学へ入って見返してやる。

それからは猛勉強の日々。みるみる成績は上がり、中央大学法学部に合格した。

入学が決まった高校3年生の春休みに、初めて母親の店でアルバイトをした武長は、仕事の楽しさにハマってしまった。お絞りの渡し方、水割りのつくり方、お会計の仕方など、何をやっても新鮮で、すっかり接客の楽しさに魅せられた。ママの息子だというのでお客さんからも可愛がられ、ちょっとテーブルに着いていけと言われ、いろんな話を聞かせてもらえるのも楽しかった。

母の店のバイトをすればするほど、通い始めた大学の講義のつまらなさが余計につらく感じられた。もともと周囲を見返すためだけに入った大学だ。そこで何をしたいかなんてまったく考えてなかった。いったい自分は将来何がしたいのか。答えを見つけるために大学1年の夏に旅に出た。

たまたま入った熊本の小さなバーで、そのマスターがじつに楽しそうに仕事をしていた。お客さんの笑い声を聞きながら、ああ接客はいいな、とあらためて感じた。いつか自分も、こんなふうに温かくて気持ちのいい店を持ちたい。そうだ、自分の店をつくろう！　そう思い立つとすぐに千葉に戻り、大学に退学届を出した。1単位も取らなかったが後悔はなかった。

「水商売はだめ」といっていた母親も、息子の決意に反対はしなかった。1年ほどホテルに勤めてサービスを学び、母親の店に戻った。

20歳のとき、チャンスが訪れる。母親の知り合いが店を閉めたいと相談に来たのだ。30坪以上ある広い店だったが、女の子が次々辞めてしまい、立ちゆかなくなっているという。

「そのお店、ぼくにやらせてください！」

思わず名乗りを上げてしまった。結局、母親が店を居抜きで買い取り、武長は店長として自分の店を立ち上げることになった。オープンまで3カ月、あらゆる友人のつてを頼り、駅前で声を掛け、ともかく懸命に女の子を口説き回った。1997年7月7日、40名の女の子がずらりと並び、パブクラブ「ロイスレイン」がオープンした。

開店当初は、母親の店の常連が来てくれた。そのうち噂が広まり、店は連日の大盛況。2カ月という超短期間で投資は回収できた。順調すぎるほどの滑り出しだ。

弱冠20歳で駅前に繁盛店を立ち上げたという話が伝わると、あるビルのオーナーから自分の物件でも店を出さないかとの話が持ち込まれた。迷っていた武長の背を押したのは母親だ。

「やりなさいよ、自分の思った通りに。あなたは自分の会社をつくるのよ！」

会社を設立し、代表取締役となった武長はその年の12月、「くいどころバー一家 本八幡店」をオープンした。店のスタッフはふたたび駅前で声を掛けまくって集めた。ほとんど素人ばかりで、武長自身もやったことのない居酒屋業態だ。開店当初は混乱をきわめたが、毎日営業終了後にスタッフ全員で反省会をした。ともかくお客様の立場に立って考えてみること。それだけを愚直にくり返しているうち、半年もするとすっかり繁盛店になっていた。素人集団が手づくりで持ち上げたこの経験は、武長にとって大きな意味を持つことになる。

業績は順調に伸び、2店目は船橋、3店目は柏、その後も津田沼、行徳など千葉の主要な都市に出店していく。

「このまま一気に50軒くらいまでいこうと思っていたんですよ」

しかし思わぬ落とし穴が待っていた。

この頃になると武長自身は現場に出なくなっていた。いかに効率よく店を回すかを考え、マニュアルをつくろうと思い付いた。これはするな、これはしろ、とスタッフの行動を頭ごなしに決めていった。

そんな時、日韓ワールドカップが開催された。客足は一気に途絶え、全店の売上が20パーセント以上落ちた。これも一時的なことと高をくくっていたが、ワールドカップが終わっても客足は戻らない。瞬く間に資金繰りが苦しくなった。5店舗とも銀行からの借り入れで出店していたので、追加融資のお願いに行ったが断られてしまった。

やむなく店の営業時間を朝5時まで延ばす。社会保険もやめ、自分で各店舗を回って売上を回収する。その様子に従業員たちは「この会社はやばいぜ」とささやきあって次々辞めていった。その年初めて新卒採用した社員もいたが、一人また一人と辞めていった。

結果的には、リストラをせずに少人数体制をつくれたおかげでこの難局を乗り越えることができた。その時残ってくれた従業員が現在の会社の幹部たちである。

何とか店を潰さないで済んだが、武長は体力的にも精神的にもぼろぼろで、もう会社を畳んでしまおうかと弱気になっていた。そんなある日、店をのぞきに行くと、新卒の社員が懸命に笑顔でお客さんに応対している。昔は自分もああやっていたなと、我知らず涙がこみ上げてきた。

「ぼくが勝手につくったお店でこんなにもがんばっているスタッフがいるのに、会社をやめようなんて身勝手だな、と」

売上が落ちたのは、結局、マニュアルで縛り付けてしまった現場に覇気がなくなったのだとその時初めて気づいた。これからはこのスタッフがやりたいことができる店をつくろう、マニュアルもトップダウンも全部やめて、彼らがつくりたい店をつくってもらおう、そのお手伝いをするのがぼくの仕事だ。そう切り替えた。武長26歳のことである。

若くして成功した彼は、同時に若くして失敗することで自分を見つめ直す機会を持つことができたのだ。

学びと気づき

経営者としてきちんと学び直そう。そう決めて勉強を始めた頃に、居酒屋甲子園と出会った。業界誌『飲食店経営』の表紙に、大嶋、深見、赤塚、上山、4人組の姿があった。「居酒屋甲子園プロジェクト始動」と題された記事を読んで、これは自分たちの店のレベルもわかるし、全国にどんなお店があるのか知ることもできて面白いかもしれないと考えた。説明会に出掛けていくと、配られたのはペラ1枚。あとはひたすら大嶋啓介が居酒屋甲子園への想いを熱く語るだけだ。いくつか質問してみたが、「それはまだこれから考える」という。まだ何も具体的に決まっていなかった頃のことである。

説明会が終わって、大嶋と名刺交換した。武長が千葉で8店舗の店を経営していることを知ると、大嶋は「参加だけじゃなくて、実行委員になってくれ」とその場で要請してきた。以後、大嶋との長い付き合いの始まりだった。

実行委員として全国を飛び回り、優れた居酒屋経営者たちと膝を交えて交流できたことは、武長にとって大きな収穫になった。

若い経営者たちはみな、自分のノウハウを包み隠さず教えてくれた。1品1品の原価率も何の疑いもなく開示してくれる。彼らと話し合ううちに、会社は規模ではないことがわかってきた。売上や年商の大きさよりも、いいお店がつくれているかどうかに価値があるのだ。その気づきは大きかった。

第1回、2回大会を実行委員として観ていて、武長はイベントの内容に疑問を感じた。パフォーマンス的なものが多く、参加者にしたら学べる内容が乏しいのではないか。そう大嶋に進言すると「じゃあ君がイベントリーダーをやってよ」と返ってきた。武長はそれを引き受けた。

決勝大会の壇上に上がる店舗が、お客の絶対的な支持を得ていることも、店舗運営が確かなことも覆面調査の成績で立証済みだ。ではその優れた経営の実態をいかにプレゼンで伝えるか。壇上に決まった店舗に出向いて、じっくり話も聞いた。そうしてプレゼンをつくり込んでいく中で武長は「どうやって勝てるかというプレゼンはやめましょう、会場に来た人たち、居酒屋で働いている人たちに学びを与えるプレゼンをしましょう」と訴えた。

武長自身は、居酒屋甲子園の活動を通して学んだこと、気づいたことを会社に持ち帰り、次第に業績も上がっていった。2011年の東日本大震災の際には、千葉県も大きな被害をこうむった。全店が計画停電に当たった時期もある。経営も苦しくなった。しかしこの時には、銀行はすんなり融資してくれた。一家ダイニングは数年前とは比べものにならないほど信用を回復していたのだ。日ごろしっかり経営基盤を固めておくことがいかに大切であるかをあらためて思い知った。

ブライダル事業への挑戦

第5回大会を終えて、居酒屋甲子園から身を引いた。33歳、すでに14軒の店を抱え、一家ダイニングは千葉を代表する会社に成長していた。

これからどう飛躍していくか。そこへブライダル事業の話が舞い込んできた。30歳を過ぎ、武長自身が結婚した頃から社内結婚も増えていた。社員の結婚式に参列するたびに、結婚式は本当にいい、と感じていた。一家ダイニングは「お客様、かかわるすべての人と喜びと感動を分かち合う」という経営理念を掲げていたが、結婚式とはまさにそういうイベントだ。いつかやってみたいとの思いはあった。

居酒屋業態へのジレンマも感じていた。これほど素晴らしい仕事なのに社会的地位が低い。優秀で店に愛着を持ってくれた大学生アルバイトも、卒業とともに別の業界に就職してしまう。その一方でウェディング業界は花形だ。プランナーは学生の就きたい職業ランキング1位2位に入る人気ぶり。なおのこと、自分たちが居酒屋で培ったスキルをブライダルでも試してみたかった。

そんなところに持ち込まれた案件だ。ブライダルを新しいコンセプトで事業展開したい、それには既存のブライダル企業の色がついていないところ、まだ手がけていない会社にお願いしたいとの意向で、一家ダイニングに白羽の矢が立ったのだ。

場所は東京タワーの真下。東京のど真ん中。

ありえない。この一等地で、敷地の広さも家賃も桁外れ。投資額の大きさといい、立地といい、初めて業界進出する自分たちの身の丈には合わないと、いったんは断わった。

しかしどうしても頭から離れない。最終の締切の前日の夜に、東京タワーまで車を飛ばした。

もう一度その場所を見ておきたかった。東京タワーを見上げた時に、自分が20歳で店をつくったときのことを思い出した。いまの自分はあの頃の自分に負けているんじゃないか。いろんな困難を乗り越えてきて、経営もそれなりにわかってきた34歳の自分が、情熱以外何もなかった20歳の自分に負けていていいのか。何より、挑戦しろとスタッフに言い続けている自分が挑戦しなくてどうする。たしかにブライダルの知識や経験やノウハウはない。でもそんなものは何一つなかったけれど自分は居酒屋を始め、繁盛店をつくったじゃないか。あの頃と同じような情熱さえあればできるはずだ――

ライトアップされた東京タワーを仰ぎ見ながら、武長は決意した。これはうちがやるべき案件だ。

だからあえて外部から専門家を招いたりせず、全部自分のスタッフでやることに決めた。当時の店長を全員ウェディングプランナーにした。料理長くらいは外から呼びましょうと助言されたが断り、社員の一人を指名した。「ぼく、居酒屋の宴会料理しかつくったことないんですけど」と言うのを、知り合いに頼みこんでフレンチの修業に行かせた。ブライダルはたしかに新たな挑戦だが、これは何をやるかではなく、誰とやるかが問題なのだ。この高い山を誰と登るのか。ここまで一緒に会社を大きくしてきた社員に、居酒屋をやってきた自分たちに出来るということを証明したいのだ。

素人だからこそ、居酒屋をやってきた自分たちだから出来ること。まず最初に始めたのは、周辺の結婚式場のスペックを調べることだった。20歳で店を始めた時、繁盛店を見て回ったのと同じだ。偽名を使い、会場見学のアポイントを取り、妻と10カ月の子どもを連れて片っ端から見て回る。空間造り、接客、料理。どうやって契約をまとめるかまで体験しておきたくて、罪悪感を感じながら最後の最後まで悩んだり、決めかねているフリをした。

たくさんの会場を見て思った。どの会場も高すぎる！　結婚という人生最大の行事は、プロポーズから始まり、両家へ挨拶し、会場を2、3件見学して半年以上も前に会場を決める。その後、二人で住む部屋、家電や家具、結婚指輪、ハネムーン、何をするにも金がかかるのに、最初の結婚式自体がそもそも高い。打ち合わせするうちに、これもあれもと追加の料金が積み上げられ、思いもかけない金額になる。

なぜだろうと考えて、はたと思い至った。ウェディング業界は基本的に1回きりのお客さんを相手にしているのだ。友達と同じ式場でという発想がないから紹介もない。しかし居酒屋はそもそもリピーター産業で、再来店を促し、友達を連れてきてもらおうと努力するものだ。だったらウェディングもそうすればいい。一家ダイニングは「おかえりなさい」をコンセプトにしているのだから、同じようにやろう。結婚記念日のたびに戻ってきてもらえる場所にしよう。それに、効率のいいオペレーションはお手の物だ。回転率を上げれば、もっとコストは下げられる。

武長は、従来の7割ぐらいの値段で充分に満足してもらえる仕組みを目指した。そのコストパフォーマンスはたちまち話題となった。1日の式は3回転が普通だが、8回転させることもあるという。回転率だけなら都内一だというが、間違いなくそうだろう。

保証金1億円、設備に3億円、運転資金に1億円、それに1年間の広告費が約1億円。総投資額は約6億円。開業からの1年半で売上は約7億円をたたき出した。いまも順調に伸びている。

「こうしてちがうフィールドで、ぼくらがやってきたことは通じるんだと示せたのが一番うれしいですね」と武長は言う。

おもてなし文化が上場企業へ

武長は、育ってきたスタッフたちが夢を持てる会社にすることを目標にして、今後も彼らが活躍できる業界へ広げていこうと考えている。

社員教育にも余念がない。赤塚元気を社外取締役に迎え、「元気塾」を開いて社員を啓発し、「一家ユニーバーサルカレッジ」では社内外からの講師によるさまざまなカリキュラムを用意し、社員が自由に勉強できる環境をつくろうとしている。

「おもてなしが出来る人は職を失うことはないと思うんです」と武長は説明する。「ぼくは社員を立派なおもてなし人にしたい。運ぶだけ、料理するだけならロボットでもできるかもしれない。でも、お久しぶりですねって笑顔で迎えるのは人間にかなわないんです」

チームや組織をつくること、人を育てることに興味があると、彼は言う。たとえばある新業態が1000店、2000店まで伸びるかというと、おそらくそれはない。数十店舗が限界だろう。

業態にはトレンド、流行すたりがある。けれど、その時々の新しい業態を運営できる組織力はすたれない。20店舗、30店舗規模なら、もっとたくさんの業態で挑戦できるだろう。それを率いていける社長を内部から輩出することが当面の目標だ。

上場も同じ発想から思い付いたことだ。

きっかけは、あの「牛角」チェーンの生みの親、レインズインターナショナルの創業者、西山知義との会話だった。若手経営者数名を集め、西山を講師にした勉強会を開いた折に、西山はこう問いかけた。

「君たちは上場しないの？」

上場することの具体的なメリットを聞きながら、上場が社員のためにもなることに気づかされた。社員を幸せにしようと心を配ってきたが、社員の家族にまで幸せを届けるには経済的な豊かさを与えられる会社でなければならない。その一歩になるのなら、上場も悪くないかもしれない。

その一方で、上場にはリスクも責任も伴う。そもそも何のために上場するのか。上場してどんな会社になろうというのか。２０１５年を迎えようという年末に、武長は5年後、10年後、20年後、一家ダイニングの遠い未来に想いをめぐらせていた。

会社が大きくなっても、大事なことは原点にある。武長の原点は居酒屋、接客、サービスだ。人が人に接すること、そのおもてなし精神は、ブライダル業界でも通じたではないか。

5年後の２０２０年には東京オリンピックがある。その頃には一家ダイニングは日本を代表するおもてなし集団になっているはずだ。ぼくらのおもてなしは世界から賞賛されることになるだろう。その日本のすばらしさをさらに世界に発信していくには、千葉のローカルエリアにとどまっていてはいけない、パブリックカンパニーにならなければならない。上場はそのためのスタート地点に立つことなのだ。

日本一のおもてなし集団――。目標が決まるとともに、上場を決意した瞬間だ。

そして2年後の2017年12月12日、本八幡に最初の店を立ち上げた日に上場を果たす。

武長は居酒屋甲子園の卒業生で上場第1号になったが、居酒屋甲子園を通して学んだことから離れたわけではない。

「毎年、新しく出店はしていますが、いまでもやっぱり個店でありたいとは思っています。従来通りのチェーンではなく、個々のお店が光っているようなチェーンになりたいと」

個店の集まり。まさに居酒屋甲子園的な発想だ。

「話すとすぐ、居酒屋甲子園の卒業生かどうかわかるんです。根底の思いが同じなんです。人のことを私利私欲なしでみんなで考えていく」

上場の日に祝いに駆けつけた居酒屋甲子園の卒業生たちはたしかにそんな笑顔で祝福していた。

ローカル共同体への挑戦

——保志真人

東京都町田市は、新宿から小田急線の急行で40分ほどの距離にある。都心は通勤圏内ではあるが、買い物や飲食をするにはやや遠い。そのため大型小売店や飲食チェーン店などが1970年頃から進出し、市街地中心部は結構なにぎわいを見せていた。

70年代、80年代当時、繁盛店の取材や進出したばかりのスーパーダイエーの視察などで、私は町田をたびたび訪れた。その時は東京郊外の都市としてのめざましい発展のさなかで、新旧の店が入り乱れた魅力あふれる街という印象を強く持っていた。随所に現れる横丁の小さな店を、どきどきしながらのぞき回ったものだ。

最近になって久々に訪れてみると、街そのものがモダンに変身していてびっくりした。商業施設だけでなく、飲食店も東京都心に劣らない洗練された店がまえで、特にカフェ、ビストロ、バル、居酒屋が、この街をエンターテインメントあふれる場所にしていることに感心した。

なかでも気になる店がいくつかあった。それらすべてをキープ・ウィルダイニングという会社が経営していると知って、私は電話を入れて半ば強引に本社を訪ねた。

自社が経営するカフェの2階にある本社に着いたとたん、その部屋にいたスタッフ全員が立ち上がって挨拶したのには驚いた。

あいにく代表の保志真人は不在とのことで、専務の長谷部信樹と広報の田中知亜樹が丁寧に応対してくれた。

地域に根を張っている様子を聞いた後、長谷部が主要な店を案内してくれた。各店とも開店準備中だったが、スタッフは笑顔で応対してくれた。不躾に訪れた初対面の私を、なぜこれほど親切に扱ってくれるのか不思議な思いがした。帰りの小田急線に乗っている間も、その疑問が消えることはなかった。いったいどういう会社なのか。保志真人とはどういう人物なのか。

その数年後、大阪の飲食店経営者を集めた東京飲食トレンドツアーのコーディネートを依頼された。多様な業態で街の飲食空間を支配するドミナント戦略の代表例を、と言われ、とっさにキープ・ウィルダイニングの名を挙げた。私もツアーに帯同し、「ダンチキンダン町田店」で広報の田中から会社の概要説明を受けた。

その時も保志真人には会えなかった。

ますます気になる存在になっていた。彼が居酒屋甲子園にかかわっていることは、まだまったく知らなかった時のことである。

保志真人の原点

保志が居酒屋甲子園に関係していたことを知り、監事の齋藤芳春に伴われてキープ・ウィルダイニング本社を再訪した。オフィスに足を踏み入れるとやはりスタッフ全員が起立して挨拶する。社員教育が行き届いた様子にあらためて感嘆した。

「別に強要していることではないです。ただ、数人が立ち上がって挨拶すれば、当然のようにみながそれにならうというだけで、いわば習慣のようなものです」と保志は言う。初対面の保志はエリートビジネスマンのようなシャープな顔立ちに、穏やかな話しぶりで、知性と感性が感じられる。その姿に居酒屋の〝大将〟をイメージするのはむずかしい。

しかし最初に独立して、弟と2人で立ち上げた店が小さな焼き鳥屋だったというから、根っこには泥臭いものを持っているのだろう。

飲食業と出会ったのは高校生で始めたアルバイトだった。性に合うと感じて卒業後はいくつかの飲食企業を渡り歩いた。22歳から25歳までの3年間は、大手の金融会社が始めた飲食部門の立ち上げに携わる。客単価5、6000円の業態に配属されたがこれが大失敗。そこを焼肉業態へ転換する仕事を任され、それを成功させたのが自信になった。この会社で店の失敗、撤退の事例をいろいろ見るうちに、独立して自分の店を持ちたいと夢をふくらませるようになった。

地元の神奈川県相模大野に大繁盛している焼き鳥屋があった。「ここで学べば繁盛店ができるのでは」と入店し、夢の実現に向けて一歩踏み出した。前の会社ではマネージャー業が中心で包丁を握ったことはなかったが、この店で1年間の修業を積んでおおよそのノウハウは身につけた。

運良く、隣駅の東林間に空き物件が見つかった。総合居酒屋チェーン「養老乃滝」が撤退した跡地だという。トラックの運転手をして貯めた自己資本と国民金融公庫から借りた資金で、そこに弟と後輩の3人で店を立ち上げた。2004年、保志27歳のことである。

「あの時は余裕がなくて、運転資金はご祝儀でしのぎました」と保志は振り返る。主力商品の焼き鳥の評判が良かった。値段もリーズナブルで若い人が集まってきた。ローカルには若者が行きたいような店がないことに気づいたのはこの時だ。若い兄弟の開いたこの店は大いに繁盛した。

翌年、28歳の時には早くも2号店を出している。その時期に「てっぺんという店がすごいぞ」という話を耳にした。訪れてみて衝撃を受けた。

恥ずかしさと悔しさ

店の活気は凄まじく圧倒的だった。朝礼では自分と同じ年代の若者が夢を語り合っている。これは何だ、と驚愕した。自分の店のスタッフを全員、順に「てっぺん」に連れていき、その雰囲気を体験させた。DVDや本も読んで徹底的にベンチマークした。

「最初はてっぺんの朝礼をそのまんま取り入れました。いまはやめていますが、そのエッセンスは脈々と息づいています」と保志はいう。

通い詰めるうちに大嶋啓介と知り合い、自己紹介すると「居酒屋から日本を変えるから、来いよ」と、居酒屋甲子園の準備のための会議に誘われた。訳も分からないまま出席し、雰囲気に呑まれている間に実行委員をやることになっていた。

「大嶋さんには私心がないんですよね。本当に公のことしか考えてない。ぼくもそこに惹かれましたし、だからみんなついてくるんだと思います」

まだ2号店を出したばかりの段階で、全国の居酒屋繁盛店を創り出した個性の強い優れた経営者たちと交流できたことは、その後の保志にとって非常に幸運だった。

実行委員をしながら、自分の店もエントリーしてみたが、結果は「箸にも棒にもかからなかった」。

第1回の決勝大会は、感動もしたが、何より悔しかった。居酒屋甲子園で出会う同年代のリーダーたちの統率力、そのスタッフたちの輝きを目にすると、うちのスタッフもこの人たちについていったほうが幸せなんじゃないかとまで思えた。情けない。悔しい。すっかり自信をなくし、しばらく劣等感にさいなまれた。恥ずかしくて居酒屋甲子園の会議に行くのがいやになったくらいだ。

いや、だったらこの人たちについていくしかない。保志は実行委員として、居酒屋甲子園の仲間と活動しながら、働く仲間が輝くには、幸せになるにはどうしたらいいか、その仕組みづくりに集中していった。

2代目理事長の高橋英樹の時に東日本リーダーになり、参加店舗を募る全国行脚に随伴した。地方の居酒屋店主たちとじっくり話ができたこの経験は、保志にとってすばらしい財産になった。

学びは自分で取りに行く

保志は居酒屋甲子園でさまざまな店主や経営者と出会うなかで、自分の考える「いい会社」像をつくりあげていった。

「どんな業態であれ、働いている人が幸せでない店はやりたくない」

その一念で試行錯誤をくり返した。これはいい、と思った試みは持ち帰ってすぐに自社でやってみた。

「社員は迷惑だったと思いますよ。今度は何を始めるんだろうって」と保志は笑う。

では、彼が考える「いい会社」とはどういうものか。

「ぼくはビッグカンパニーではなく、グッドカンパニーにしたい。これには三つあって、一つは働く人が輝く、ホスピタリティの高い店であること。二つめは、理念に嘘なく忠実である経営。三つめが、地域や街に明確に、力強く貢献し役に立つ企業にすることですね」

しかし、人が輝くという言葉はどこか抽象的ではないか、とあえて訊いてみた。

「そうかもしれません。でも、それを目標にしなかったら出来ないですよね。ぼくは経営者というのはそれを具体的な形にする、リアルに変えていける存在でありたいと思っています」

その言葉どおり、保志は具体的な仕組みを社内につくり上げていった。

そのひとつが、キープ・ウィルアワードと呼ばれる社内イベントだ。まさに居酒屋甲子園をカスタマイズして社内に立ち上げた。２０１０年のことだ。

本部が抜き打ちでするクレンリネス審査、お客からのアンケートの集計、それに居酒屋甲子園の1次審査も担当しているMSコンサルティングによる覆面調査。この三つの結果で店舗を格付けし、毎月（いまは3カ月に1度）発表する。最終的に4店舗が選ばれて、年に1回、業界関係者も招待し、全社員が集う1000名のなかでプレゼンし、最優秀店が表彰される仕組みだ（現在は居酒屋ダイニング部門300名のみで非公開でおこなっている）。

このアワードの鍵は、何をなすべきかを各店舗でスタッフが考えることにある。トップダウンの指示ではなく、ボトムアップの自主性にまかされているのだ。

「スタッフに会社の考え方は伝えますが教育はあまりしません。みんな優秀ですから。環境を整えれば自然に成長します。人はルールに従うのではなく風土・文化に従うという言葉を聞いたことがありますが、その通りだと思います。ぼくの役割はその環境をどう整えるかだけです」

社員が自発的にスキルアップできる環境づくりとして、社内スクールの制度がある。プロの技術・技能を身につけた者が自由に社内向けの講座を開くことができる仕組みだ。その講座を社員が有料で受講する。

「学びというのは与えるものではなく自分で取りに行くものですから」と言いながら、保志はコーヒーカレッジの様子を撮影した動画を見せてくれた。人気バリスタによる一番人気の講座だ。受講料は2万4000円だが、専門の学校に行けばその10倍もとられる。だから社員が殺到する。資格者たちにすれば、その技能を自分の才覚で収入に変えることができるわけだ。

むろん、人気のない講座も出てくる。それはスキルがまだまだという客観的な評価なので、さらに腕を磨いて再挑戦の機会を与えられる。「独立したいわけでも、上に行きたいわけでもなく、技術を磨き趣味のように働きたいという社員も結構います。そのスキルを店舗でお客さんにふるまうだけでなく、副業にすることができれば、彼らにとっても会社にとっても意味のあることですよね」

最終的には講座を飲食業界全体、さらには広く一般に開かれたものにしたいと保志は考えている。そのほうが教える側にも緊張感が生まれるからだ。

キープ・ウィルダイニングの働き方改革

「スタッフが大切にされていることを感じられるかどうかがポイントだと思うんです。夢とか想いとかいった言葉だけでなくて、リアルにみんなの生活が変わらないといけない。理想を現実にすることによって信頼される。社員と相互信頼関係ができれば、組織はできたようなものだと思います」

保志の話を聞いていると、「リアル」という言葉がよく出てくる。夢を語ること、想いを持つことの大切さをよく知っているが、それを語る以上、現実的なものにできなければ意味がないと考える意識も強い。このあたりは高橋英樹のもとで理事を務めた彼らしい考え方だと言えるかもしれない。

働き方についても「家族が幸せじゃなきゃ幸せじゃない」をテーマに掲げるが、その仕組みはきわめて具体的かつ先進的だ。

社内スクールのような学びの仕組みが機能するためには、社員にそれだけの時間的余裕が必要だが、キープ・ウィルダイニングでは法定労働時間を厳守し、労働時間は月に200時間程度になるよう設計されており、時間の自由度が高い。そうしたいと考える飲食店は多いが、たいてい人員不足が壁になる。そこで100名程度だった社員を3年間で200名まで増やし、1店舗の社員比率を通常の3倍近くまで高めた。1店舗平均7、8名の社員が在籍することで、労働時間を守ることができる。できるだけ少ない人員で営業し、人件費を削減しようという世の中の趨勢とは真逆の対応だ。社員化を進めた当初の2年間は減益となったが、その後は大幅な利益を出している。

そのほかにも、子供の入学式や運動会など、家族の大切な日を優先的に休みにする「優先休暇」や、奥さんの誕生日に7、8万円相当の「家族旅行」を贈ったり、毎月社員の各家庭に契約農家から「無農薬野菜」を段ボール箱いっぱい届けたりしている。飲食で働いていると意外に外食の機会が少なくなるからと全社員に「グループ食事券」を支給し、「子ども手当」は子どもが成人するまで給付される。

多くの会社の福利厚生とやらがお題目にすぎず、制度があっても実際には享受できないようなものが多いなかにあって、彼がいかに本気で取り組んでいるかがよくわかる。そして彼が提供しようとしている時間と経済的ゆとりとは、要するに働く者に「自由」を与えることなのだ。

「これから企業というのは、好きな仕事をするためのハブに過ぎなくなると思っています。もう経営者が辣腕を振るうような時代じゃない。プラットフォームであり、良い環境を用意して、あとは働く人たちが自由にやる。会社は必要な道具と場所を用意するだけ。そういう場所でなければ将来的にもう人は集まってこなくなるでしょうね」

あまりに理想論に聞こえるかもしれない。しかし彼は実際に自由な組織づくりをどんどん進めているのだ。象徴的なのは、さまざまなプロジェクトを社内公募によって進める仕組みだろう。新ブランドの店舗開発、イベントの企画運営、社内雑誌の編集など、プロジェクトが全社員に告示され、やってみたいと名乗り出たメンバーでそれを進める。

たとえばカフェのブランド戦略を担当するメンバーや、「Music Day」というライブイベントを企画運営する者を公募する。さらには、町田の老舗酒屋「蔵屋」とのコラボで新店舗を立ち上げるプロジェクト。これには利き酒師や焼酎アドバイザーの資格を持つ社員3名が名乗りを上げ、「角打ち蔵屋 sake labo」をオープンさせた。次にオープンするホステルも公募によって企画立ち上げチームは編成された。

公募してそれに応える社員がいる。これも彼の言う相互信頼のなせる技だろう。ここからさらに様々なプロジェクトを推進していくが、その多くが社内公募により編成されたチームで行われることになると言う。つまりキープ・ウィルダイニングの社員は単に飲食店に従事するだけの存在ではないのだ。

独立したいという社員はいないのか、と訊ねてみた。

「いまのところいませんが、もし出てきたら、じゃあうちで社内ベンチャーの制度つくるからそれでやったら、と言うでしょうね。無理にリスクを取る必要はないですから」

ひと言で言えば、この組織は強い。そう感じる。その強さの背景には何があるのか。

ローカルに留まる覚悟

最初に紹介したように、保志のキープ・ウィルダイニングはドミナント戦略の典型例だ。町田市、相模原市を中心に、カフェ、居酒屋、ダイニング・レストランなど多様な業態で30店舗近く展開している。このまま拡大していけば、赤塚元気のようにニューヨーク出店など海外を考えたり、武長太郎のように上場を考えてもおかしくない。だが、保志はローカルのこの場所だけでやろうという覚悟を決めている。居酒屋甲子園がその覚悟を後押しした面は否めないと思う。

大きな転機は2012年頃、東京でのブライダル事業進出の話が持ち込まれたことだ。低投資で10億円規模の年商が見込めるまたとない話だった。会社は大きく飛躍できるし、知名度もぐんと上がるだろう。しかしそこで逡巡した。ビッグカンパニーに突き進むことが、はたしてグッドカンパニーを目指す自分の哲学にあっているのだろうか。

自分たちは地元に育ててもらい、地元の人々に愛され成長させてもらった。東京に出て、もっと広域に出て、この地元に何が返せるだろうか。考えてみれば大事なものはすべてこの場所にある。家族も、社員も、友達も常連さんもこの場所にいる。広域展開に打って出て行けば、社員やその家族をここではない別の場所に連れて行かざるを得なくなるだろう。それが彼らを幸せにすることなのか。数や規模を追い求めて得られるものは何なのか。

彼が出した結論は、「この地元でいい会社をつくる」、町田にとどまることだった。

その覚悟を決めてしまうと、違う風景が見えてきた。

「ローカルの会社は、ここには何もないと言って東京に出て行く傾向があると思います。一方で東京には何かがあると思ってる。そこでみんな同じになってしまうような気がします。でも、地元に何があるかをよく見たらちがってきます。よく見ると素敵なものがたくさんある。そこに気づければ、他の場所に行く理由はなくなります」

都心まで電車でたった40分のエリアだからこそ、この視点の転換は大きい。都心のそばに、都心に暮らすこととはまったく別の選択肢をつくってしまうことだからだ。

町田、相模原を「マチサガ」と称するが、そこを拠点に深掘りしてきた保志の目に、もっと大きな鉱脈が見えてきた。それが「武相エリア」、町田市、相模原市、大和市、座間市、綾瀬市、海老名市、厚木市までを一つの広域経済圏、文化圏として捉え直してしまおうというものだ。

「東京ローカルで、エリアブランディングできているのって湘南・鎌倉くらいでしょうか。ぼくはこの武相エリアをリアルに変えていきたい」

らしさの追求。保志の言葉を聞きながら、第7回大会で掲げられたテーマを思い出した。保志は松田の下で専務理事を務めていたから、この言葉の意味を充分に考えてきたはずだ。その影響はあるのだろうか。

「あるとは思いますけど、少しちがってきているかもしれません。地方活性とはよく聞きますけど、実態があまりないように思うんです。熱い想いを持っている人はその地域にたくさんいるけれども、具体的な方法論がないケースが多い。だから話し合いやお祭りだけで終わってしまうことが多いと感じています。でもそれではやはり街は変わらない。だから、ぼくはここで具体的なビジョンや方法を示したいと」

彼が見据えているのは、安直なエリアブランディングではない。生き方の転換、価値の転換、いまどきの言葉でいえばライフシフトを「リアルに」実現できるエリアをつくることである。

「都心で子ども二人、年収1000万あっても、そんなに豊かな生活はできません。持ち家を持っても、その暮らしを維持するために人生を費やしているケースもある。そんな中、われわれ世代は前世代の成功モデルでは幸せになれないことに気づいてきているのではないかと思います。

その点、私たちの武相は、都心にも近いですが、森も川もあっていろいろと安い。そんな場所に本質的に豊かに生きられるインフラさえあれば、もっと自由に生きられるのではないかと思っています。僕は東京ローカルの西エリア、『武相』をそういう色のあるエリアに変えたい。人生100年時代などと言われますが、100年をどう生きるかというロールモデルはまだ世界的に見ても確立していないんです。世界から注目を集めるポートランドにもそれはなかった。だから、もしここで実現できたら世界基準のモデルになれる」

もちろん保志も、まだこれは絵に画いた餅でしかないことは承知している。5つの具体的なプロジェクトとして走らせているが、「形を見せられるようになるまで、あと5年はかかりますかね」と冷静に分析する。哲学者のようなことを言いながら、それは紛れもなく実務家の顔だ。私は、彼がキープ・ウィルダイニングという会社でしている組織づくり、働き方改革は、すでにひとつのひな形になりつつあるのではないかと思う。

そして、町田を中心とする武相エリアにはまだ明確な色がなく地元意識も薄いが、武相という一つの考えを示すことで、ここで育った人たちが結束し具体的に動き出すための旗印ができると保志は言う。「志」を掲げ、その下に力を集結させるやり方は、居酒屋甲子園にならったものなのだろう。

少なくともフードサービスビジネスは単に店舗を展開するばかりではなく、街や地域を変えうる力があるという確信と自負が、彼にそう言わしめている。

5 他業界への波及と影響

「居酒屋甲子園をきっかけに始まった他業界の甲子園は、うちの会社が関係しているものでも10はある、その他を入れたら20くらいあるんじゃないでしょうか」

居酒屋甲子園の決勝大会の運営を第1回から手がけているイベントプロデューサー、安藤慎平は言う。彼が代表を務めるコムネットは、もともと企業イベントの企画運営を請け負う会社だ。官公庁から外資系企業までクライアントの幅は広いが、居酒屋甲子園を手がけて以来、「うちの業界でもあれをやりたい」という相談が引きも切らず来るようになった。

「介護甲子園、歯科甲子園に、温浴施設のおふろ甲子園。それから、会計事務所甲子園、理美容道甲子園、建設職人甲子園……エステグランプリにネイルグランプリといった必ずしも甲子園が入らないところもありますが、同じ趣旨のイベントです。うちではありませんが、ぱちんこ情熱リーグ、旅館甲子園、トラックドライバー甲子園もありますよ」

いったい彼らは居酒屋甲子園のどこに惹かれているのだろう。

「きっかけはさまざまですけど、居酒屋甲子園を見に来た彼らは『自分たちも同じだ』と感じるようです。居酒屋甲子園で、『親に反対されたけれども、自分はこの店で働いて、お客さんにおもてなしをして喜んでもらえるのがうれしかった、これはすばらしい仕事なんだとわかって、親にも店に来てもらった』というスピーチがありましたよね。そういうことを言う機会、言えるイベントってなかったんですよ。それを見て、ああ、そうだ、自分たちはいい仕事をしているんだと再認識して、もっとがんばろうと思う。これって居酒屋でなくても、どの仕事にも共通しますよね」

　自分の仕事が好きで、誇りを持って懸命に働いている。この仕事をしていてよかったな、と小さな喜びを覚えることは誰にもでもあるだろう。ただ、それを職場で分かち合うことも、誰かと共有する機会もふつうはあまりないのだ。

　安藤のもとに相談に来る人々に共通しているのは、もう一つある。

「共に学び、共に成長し、共に勝つという居酒屋甲子園の理念、みんなで業界をよくしようという発想が響いていますね。どの業界も同業者は競争相手だったんです。でも業界のなかで争ってもしょうがない、みんなで手を組んで、いいところを学び合って業界全体でよくなっていこうなんて、誰にも言えなかった。それをやったのが居酒屋甲子園なんですよ。エステや理美容道がとくにそうでしたけど、うちの店舗だけよければいい、というのでは業界が衰退していくとみんな気づいたんでしょうね」

　彼らの想いを聞き取りながら、安藤はさまざまな甲子園の手伝いを続けてきた。もちろん、うまく続くところもあれば、伸び悩むところ、分裂とまではいかなくてもうまくまとまらないケースもある。

「うまくいかない団体は、なかなか業界を巻きこみきれていないのと、協力してくれるパートナー企業が少ないことがあげられます。さらに言うなら、うまくいっている団体は、経営者目線ではなくて、スタッフ目線のものが多いような気がします。業界団体で業界活性化というと、出てくるのはだいたい経営者たちじゃないですか。でも甲子園イベントはスタッフ目線で、現場のスタッフがどう感じ、どう考えているのかにスポットを当てる。もうけるためにだけやってるわけではない、というところが重要なんだと思うんです」

もちろん、それがスタッフの士気につながり、結果的に業績はよくなる。居酒屋甲子園でもたしかにそうだ。参加すれば店がよくなるとか、箔がついて営業に使えるなどと単純に考えるような店舗はたいてい翌年から参加しなくなる。「こういうふうに志だけで集まっている団体ってほかにないんですよ」と保志真人が言っていたのを思い出した。第1章で書いたように、立ち上げ当初は、みなボランティアで時間も費用もつぎ込んだ。誰もそれに疑問は感じなかった。

その居酒屋甲子園の価値にいち早く気づき、動き出した業界の一つが介護だ。

驚異的な介護甲子園の拡がり

介護甲子園の誕生

2011年11月、第1回介護甲子園が日比谷公会堂で開催された。

エントリーした事業所は135。理事長の左敬真を中心とした理事、実行委員のメンバーが全国を行脚して集めた事業所が初めて一堂に会した記念すべき日であった。

これ以降、エントリーする事業所の数は急速に増えていき、2018年2月に行なわれた第7回大会にはなんと6472の事業所がエントリーしてきた。じつに48倍の規模だ。

理事長の左は、この拡大に手応えは感じているが、全国に15万もの事業所があることを考えると、もっと拡がってもいいと感じている。

左が介護の世界に入ったきっかけは、芝浦工業大学の大学院生だった時に、高齢者の住環境を調べるため老人ホームの視察に行ったことだった。一歩足を踏み入れると、尿の臭いが立ちこめ、おじいさんが茫然と座っている。「これが終の棲家なのか……」と愕然とした。

将来自分が入りたいと思える施設をつくりたいと、2003年、24歳で訪問介護事業所「いきいきらいふケアサービス」を立ち上げた。翌年には居宅介護の事業所を2件、デイサービス1件を開設、障害者支援事業にも着手し、急速に事業を拡大していった。

介護を必要とする人は急速に増えつづけており、多様なニーズに応えようと手を広げたが、忙しすぎてそれぞれの事業所にまで目が行き届かなくなった。気がつけば、離職率は7割を越えていた。どうしたら人が辞めない会社にできるのか、悩んでいた。

そんな時、従業員がいつも元気に働いている居酒屋を見てみたら、というアドバイスを受けて、居酒屋「てっぺん渋谷店」を訪れた。ひやかし気分も半ばで、酒を飲みながらスタッフの仕事ぶりをじっと見ていた。彼ら、彼女らはじつにいきいきと仕事をしている。

「ビールジョッキを運ぶことにどんな楽しみがあるの？」

笑顔いっぱいにオーダーを取りに来たスタッフに、思わず不躾な質問を投げかけた。

「私たちには夢があるんです。居酒屋甲子園というのがあって、そこで優勝するために一生懸命働いているんですよ」と答えが返ってきた。「だから、ビールジョッキを運ぶだけでも、いかにお客様に楽しんでもらえるか、喜んでもらえるか考えながらやってます。お客さんも応援してください！」

左は、ビールジョッキをおむつに置き換えて聞いていた。

「それが単なるルーティン仕事ではなく、その先に自分たちの夢がある。おむつを何年替えたから資格が取れるということではなくて、おむつ交換を通じて、どうなりたいかという夢につながっているのが大切なんだと気づいたんです」

そのスタッフに、居酒屋甲子園というのは何なのか尋ねると、隣に事務所があるから案内してくれるという。事務所には当時事務局をやっていた村上博志がいた。

「居酒屋甲子園があるのなら、介護甲子園をやってみたい」

そう言うと、村上は運営や立ち上げのマニュアルをすっと取り出し、「がんばってね」と手渡してくれた。まだよくわからないながらも、やるしかないなと左は思った。

居酒屋甲子園の第3回大会を観た左は、ステージ上のプレゼンに圧倒されてしまった。

「あのプレゼンを観て、自分はコミュニケーション不足だったんだなとわかりました。これに尽きます。自分なりに想いを伝えているつもりでいましたけど、現場スタッフには何にも伝わっていなかった。だから一人一人に謝罪して、話を聞いていきました」

全国初の入浴特化型デイサービス「いきいきらいふSPA」はそんな現場の声から生まれたものだ。業界の注目を集めたが、左は不満だった。現場の声をどう聴くか。これは自分の事業所だけのことではなく、業界全体の問題のはずだ。

2009年6月、一般社団法人日本介護協会を立ち上げた。すでに介護業界の団体はいくつか存在したが、政治的なロビー活動を目的としていたり、介護の資格のためのものだった。どちらも必要なことだが、純粋に介護という職でつながる組織がほしかった。知り合いに声を掛け、賛同者を募って理事になってもらった。村上からもらったマニュアルを見ながら、どうすれば介護甲子園が開けるか話し合った。理事会に村上が顔を出し、意見してくれるのは有り難かった。

翌年、第1回大会の会場を日比谷公会堂に決め、予約した。

「自分の退路を立つためです。もうやるしかないと」

役割分担を決め、スポンサー募集、エントリー事業所募集などに精力的に動き出した。左は自分の想いを伝えるため全国を走り回った。いま、介護の現場で働いている人に誇りを感じてもらうこと、これから働きたいと思っている人に介護職のすばらしさを伝えること、事業所ごとの優れた取り組みを共有することの重要性を訴えた。「何のメリットがあるのか」「優勝できなかったら職員の士気がかえってさがる」「介護と居酒屋はちがうよ」——居酒屋甲子園の創設時と同じような否定的な意見もたくさんあった。しかし、「共に学び、共に成長し、共に克つ」という理念はすでに借り物ではなく、左自身の想いになっていた。

人生のインフラをつくる

ほかの業界とちがって介護甲子園がむずかしいのは、覆面調査が使えないことだ。やむなく1次予選は書類選考で行なうことにした。

エントリーシートには「理念・想い」を記述するとともに、「利用者・家族とのかかわり」「職員とのかかわり」「社会貢献」についてそれぞれ600字で書いてもらう。左は集まってきたシートを読みながら、必要なのはこれだったんだと気づいた。

「これまで幹部職員が辞めてしまうと、その人のノウハウが残されないでゼロになってしまったんです。もともと介護は人と人との身体的なふれあいのなかで技術や知識をつかみ取っていくものなので、マニュアル化しにくい。でもその人が体験から得た生の声をエントリーシートに残してもらうと、それが蓄積されて財産になるんです」

また、シートにはそれぞれの項目ごとに事業所の強みを記入しなければならない。するとこのシートを前に、事業所の職員同士が、自分たちに何が出来ているか、課題は何か、強みは何かを話し合い、出来ていない点をどうすればいいのか議論が交わされるようになった。この職員間のコミュニケーションが増えた影響は大きい。壇上プレゼンでも、エントリーシートを通してお互いの考え方を知り、自分たちが共通して取り組むべき課題を見つけたことで、離職率が大幅に下がったと報告された。苦し紛れのエントリーシートの思わぬ効用だ。

1次の書類選考で選ばれた30事業所（現在は、施設部門と在宅部門に分けた各15事業所）は、1分間の動画を作成し、自分たちの取り組みと想いを訴える。動画は介護甲子園のオフィシャルサイトで公開され、誰でも自由に見ることができる。それを見た視聴者の投票で、決勝大会壇上5店舗が選ばれる仕組みだ。毎回60万人が視聴し、7万票が投じられるという。

私も動画を視聴してみた。それぞれ趣向をこらして、自分たちの特徴と取り組みを簡潔に伝えている。次々に映し出される介護現場の風景、スタッフと老人たちの姿を見ながら、私自身がいかにこうした現場を目にしてこなかったか、イメージに支配されてきたかを痛感した。想像以上に明るく楽しげなことにも驚いたし、存在すら知らなかったサービスもたくさんある。

「仕方ない面もあります。介護はケアマネージャーさんが施設を決めて、そこに入るものなんです。当のおじいちゃんも家族もほかにどんなサービスや施設があるのか知らない。もちろん、希望や事情に応じてケアマネージャーさんが選んで下さるんですけど、利用者が選ぶことはない」

だから介護甲子園を通して、いろんなサービスや施設のあり方を知ってもらえば、自分の家族を託す時に選ぶことができるようになる、と左は言う。

「これだけではなくて、世間のイメージと実態とが乖離してしまっている側面はあるんですよ。よくメディアの取材でも大変なお仕事ですね、と言われるんですが、あまりそう言ってほしくない。実際、おむつ交換でもそのお年寄りと意思が通じ合ってくると苦労でもなんでもなくなるんです。それに、3K（キツイ、キタナイ、キケン）とか6K（給料が安い、休暇が少ない、カッコワルイ）とか言われますけど、居酒屋のような仕込みはないし、資格の優遇もある、補助金もある、キャリアアップもできる、9時5時のシフト勤務も守られている。他のサービス業とくらべて悪いわけではないんです」

それでも24時間スタッフが常駐しなければならないため、一つの事業所で50から100名、辞めていく人も考慮すると120名くらいの職員が必要になる。事業所を経営する上で一番むずかしいのは、人のマネジメントと、それだけの数の職員と気持ちを一つにすることだ。

「介護職はともするとサービス業という感覚を見失いがちなんです。先ほどもお話ししたように、利用者ご自身から、あっちのサービスがいいと選ばれることがないですし、居酒屋だとレジの前でお客さんが財布を開きますよね。けれども介護は介護報酬として支払われるので、目の前のおじいちゃんからお金をもらっている意識が薄れてしまう。だから自分の仕事の意味や価値を見つめつづける必要があるんです」

日々の仕事に追われ、目の前のルーティンをこなすだけになると、視野が狭くなる。この瞬間にたくさんの事業所でたくさんの仲間が、同じ想いで仕事に取り組んでいるのだと思えたら、ふっと楽になる。介護甲子園という存在はまちがいなく、彼らの視野を広げている。

「ある時、居酒屋甲子園の村上さんがこちらの理事会にいらして、『人生のインフラとして考えたときに、居酒屋は店が1軒なくなってもかまわないけど、介護は施設が1軒なくなったら困るよね』とぽつりと仰ったんです。ああ、こういう視点は必要だなと思いました。自分たちは人生のインフラをつくっているんだ、と」

人生のインフラをつくる。いい言葉だ。

「自分がどんな人に介護されたいか、親の介護をどんな人にまかせたいか。まさに人生のインフラの選択ですよ。だからわれわれの仕事は、お年寄りの人生のデザインをお手伝いする、クリエイティブな人生のインフラ業だ。最近は採用でもそう紹介していますし、介護甲子園にエントリーされる事業所さんの取り組みを聞いているとますますそう思えますね」

介護甲子園もまた、かれらを支える重要なインフラとして機能しているのだ。

宿は人なり
——旅館甲子園への長い道のり

旅館業界の悩み

高齢者に対する介護サービスが誕生したのはここ2、30年のことだ。介護が比較的若い業界であるのに対し、旅館業の歴史は長い。居酒屋は江戸時代からと言われるが、もしかすると旅館はもっと古いかもしれない。

旅館業は、接客、料理、空間を売りにする点で居酒屋との共通点は多い。総合居酒屋が凋落し、専門店化が進んだように、旅館業界も団体ツアー客を収容する大きな箱から、個人旅行で個室が好まれる時代へと、社会の変化に伴いトレンドが大きく変わった点も似ている。

だが旅館業は、居酒屋に比べ接客時間が非常に長い。そのため多くのスタッフを抱えざるを得ず、そのマネジメントに苦労するところは介護業界のほうに似ているかもしれない。

甲子園が立ち上がってくるところには、その業界特有の悩みがあるものだが、共通点も多いのだ。介護甲子園を立ち上げた左が、「居酒屋てっぺん」でビールジョッキとおむつと置き換えて考えたように、居酒屋甲子園を見て、同じ接客業として負けてはいられないと立ち上がった男がいる。旅館甲子園を立ち上げた横山公大だ。

横山の実家は高知の老舗旅館「土佐御苑」。創業は昭和39年（1964）、美容師をしていた祖母がこれから観光ブームが来るからと美容院をすっぱりたたみ、3階建の19室から創業した。祖母の読みはあたり、高度成長とともに旅行ブームが訪れ、10年後には現在の本館となる10階建を建てて100室に拡大した。祖母が亡くなると母が継いだ。

横山も小さい頃から旅館の手伝いをしていたが、中学2年で両親が離婚。この頃から荒れ放題で、旅館と学校と警察を行き来するような日々だった。高校は留年した挙句に退学。ぶらぶらしていたところを居酒屋の主人が拾ってくれて、6年間、板前修業をした。女将さんが高校くらい出ておきなさいと言ってくれて、修業しながら夜間の高校を卒業した。

高校卒業後はニュージーランドの日本食レストランで働いていたが、母親の入院をきっかけに実家の旅館に戻ることにした。26歳の時のことだ。オランダのホテルオークラで働いていた弟も1年早く戻ってきていた。

横山は経営を学ぶため、厨房ではなくフロントに入った。久しぶりに戻った「十佐御苑」は、改修や増築を重ね、128室480人収容の大旅館となっており、そこを母親が一人で切り盛りしていた。従業員も180人の大所帯だ。

平社員として旅館業をイチから学ぶつもりでいたのだが、母親の命で係長から始めることになった。古参のスタッフからすれば、いかに跡取り息子とはいえ、後から来ていきなり上に座られるのは面白くない。無視や怠慢と、嫌がらせがつづく。

「つらかったですよ、それは。でも、考え方を変えて、朝一番早く出勤して一番遅く帰ることにしたんです。朝も晩も、無視をされても全員に挨拶をしよう。地道にそうしているうちに反発していた社員は辞めていって、現場の空気も変わっていきましたね」

大嶋啓介が高知を訪れたのはその頃だ。

旅館甲子園への長い道のり

大嶋を高知に呼んだのは、時の高知市副市長。高知の若者には元気がないから、若者を元気にしてほしいと講演を頼んだのだ。

「社員をどうしたらまとめられるか、ちょうど本を読んで勉強してた頃です。大嶋さんの朝礼のDVDも見て、すごいやつがおるなあと思ってました。それで会いに行ったんです」

大嶋に自分の旅館の風呂を使ってもらった縁で、講演会の司会をさせてもらえることになった。

「ぼく、特技が宴会なんですよ。何しろ子どもの頃から見てましたから。それで大嶋さんの登場前に会場をめっちゃ盛り上げたんです。そしたら『主役より目立つ司会なんか初めてだ』ってあきれられちゃいました」

それを機に大嶋に気に入られ、たびたび声を掛けてもらうようになった。

その大嶋に誘われて、居酒屋甲子園第2回大会を仲間を連れて観に行った。日本一を決める、というその発想にまず度肝を抜かれた。自分の店が日本一だと言ってのける自信はどこから来るのだろう。堂々と、自分の仕事に誇りを持つと言い切れるその確信はどこにあるのか。

旅館だって接客業だ。しかも24時間気を抜けない。料理も空間も気を遣っている。われわれ旅館も日本一を決めるイベントがあっていいじゃないか、できるはずだ。負けてはいられない。

「最初に『旅館甲子園』のアイデアを口にした時のことは鮮明に覚えています。浜松町から大門に行く途中の大きな交差点にある2階の居酒屋でした。なにアホなことを、と言われましたけどね」

それであきらめる横山ではない。日本一とはどういうことなのか考え続けた。高知で一番というわけでもない旅館がどうしたら日本一になれるのか。

もう一つ問題は、すでに旅館業には全国組織があるということだった。全国旅館ホテル生活衛生同業組合連合会、略して全旅連。横山はその下部組織である青年部の一員だった。ここを無視して新しい組織をつくるのは現実的ではない。

「じゃあ、うちの旅館はともかく、まず自分が日本一になろう、この全旅連青年部2000名のトップになろうと決めたんです」

2011年、史上初めて、青年部のトップを決める決選投票が行われた。立候補した横山は「旅館甲子園」開催を公約にしていた。

「そんなことをする必要がない」「横山は居酒屋甲子園の回し者だ」と批判する者たちはいた。その一方で、旅館業界の現状に危機感を持つ人たちもいた。バブル崩壊を機に団体旅行はめっきり減り、個人旅行が多様化したあおりで、大人数を収容できる大箱の旅館は苦しんでいた。個室に切り替えるには大規模な投資も必要になる。すでに旅館の数は激減し始めていた。

加えて、地方には若者が少なくなり、人手不足は深刻だ。旅館はそもそも地方に、しかもやや不便な場所にあることが存在意義でもある。安易に移転はできない。業界を盛り上げるために、何かしなければ――。その問題意識はほとんどの旅館が抱いていた。

「組織のつくり方、人の巻きこみ方は大嶋さんのそばで学ばせてもらいました。大嶋さんのすごいところはどんどん人をつなげていくところなんです」

47都道府県が各1票を投ずる。24対22。薄氷を踏むような票数で横山は青年部部長に選ばれ、旅館甲子園に一歩を踏み出した。構想したあの日から5年が経っていた。

フィギュア・スケートと同じ

公約どおり横山は旅館甲子園の準備に取り掛かった。

実行委員長の田村佳之は、5年前に浜松町の居酒屋で旅館甲子園の構想を熱く語り合った仲であった。

旅館の日本一とはどういうことなのか。横山は5年間考えつづけ「どの旅館にも日本一がなにかひとつは必ずある」との想いに達した。あとはそれをどう選び出すか、だ。

居酒屋甲子園の予選は覆面調査で行なわれるが、横山たちは旅館にそのやり方は向かないと思っていた。何しろ、規模も歴史も価格帯もばらばらで、基準を立てにくい。

「何を基準に審査をしたらいいのかを悩んでいたら、ある人が『旅館の採点はフィギュア・スケートと同じやね』と言われたんです。なるほど、とフィギュアの採点表をもとに考えました」

そこで決まった基準が「問題点と改善策と結果」「オーナーのビジョン」「スタッフ教育とビジョンの共有」「地域への貢献」といった項目だ。

47都道府県を10ブロックに分け、全旅連青年部に所属する約1600館からエントリーを募り、都道府県部長の推薦を得た22旅館が選ばれた。飲食業、旅館業、行政コンサルタント業から選ばれた10名の審査員が書類選考をし、最終的に5旅館が決勝大会でプレゼンを行なう。

2013年2月20日、東京ビッグサイトで第1回旅館甲子園が開催された。

「旅館で働くスタッフの夢が、笑顔が、日本を元気にする」と、人の魅力が強調された。従来の旅館の評価ランキングが施設や規模に偏りがちだったのに対し、働く人を前面に押し出した。

壇上に上がったのは、創業80年を越え、161室、社員180人を擁する老舗ホテルから、客室数わずか7室の旅館までバラエティに富む5旅館だ。

「越後湯澤HATAGO井仙」(新潟)

「鬼怒川温泉ホテル」(栃木)

「竹と茶香の宿 旅館樋口」(島根)

「和歌の浦温泉 萬波」(和歌山)

「流辿別邸 観山聽月」(宮城)

決勝大会の審査員には大嶋啓介も加わった。書類審査10点、会場票10点、審査員票80点で競われ、宮城県青根温泉の「観山聽月」が日本一に選ばれた。

25歳でOLから女将に転身した原華織とスタッフたちが、「思いを込めた手でことを成す」を意味する「思手成し」をコンセプトに息の合った寸劇やスピーチを披露した。東日本大震災で温泉が出なくなるというダメージも受けたが、2週間後に温泉が出るようになった時、いち早く地域住民に無料で開放して喜ばれたエピソードなどが語られ、地域を大切にする女将の心意気が同業者たちの胸を打った。

「宿は人なり」と横山は第1回の総括で語った。かつてピーク時には8万5000軒あった旅館がいまや4万5000軒と低迷するなか、人の魅力でもう一度旅館業を輝かせたい――。

2年に1度の開催で旅館甲子園は2019年に第4回を迎える。

共に学び、共に成長し、共に輝く
――エステティックグランプリの挑戦

7人組が立ち上がる

エステティックグランプリは、理学美容臨床家として業界を牽引してきた月乃桂子の生徒たちがその技術を競うエステティックケアコンペティションがその前身となっている。

株式会社ピュアリー代表の志田伊織は、2001年の第1回からケアコンペティションに参加していた。その統率力、人柄を買われて2007年の第7回大会から実行委員長に就任し、第8

回、9回大会と3期務め上げた。第8回大会が終わった後に、船井総研のエステコンサルタントだった榎戸淳一から声を掛けられた。

「すばらしい大会なので、私にも手伝わせてもらえませんか」

志田は快諾し、二人で次の第9回大会の方向性を話し合った。

参考になるかもしれないということで、二人は居酒屋甲子園第3回大会を見学した。壇上店舗のプレゼンにも驚いたが、理事長だった大嶋啓介の総括に感動してしまった。この居酒屋という仕事にわれわれは誇りを持っているのだ、と大嶋は強く語りかけていた。ケアコンペティションは、純粋に技術を競い合い、学び合う大会だったが、自分たちの大会も「この仕事をしていてよかった」とみなが思えるような、想いを共有できる熱い大会にしたいと志田と榎戸は語り合った。

そのためには、技術だけでなく、接客やサロンの雰囲気を含めた顧客満足度を競うものにしたほうがいい。そこで覆面調査を取り入れることにした。この方針に月乃桂子も賛同し、実行に移された。

月1回の覆面調査を3回行ない、点数上位20サロンの代表エステティシャンが壇上でエステティック技術を競い合う。覆面調査でサービスを、競技で技術を競い合うかたちにした。これまでとは異なる趣向だったが、第9回大会は会場の観客が大いに盛り上がり、大成功に終わった。この大会から居酒屋甲子園を参考にしてサポーター企業を募って開催したが、彼らもとても喜んでくれた。

しかし大会から3カ月後、大会の象徴的な存在である月乃桂子が急逝してしまう。志田は茫然としてしまった。理事のメンバーたちも同様だった。中心となる月乃を失って、ケアコンペティションは解散を余儀なくされた。

ところが、次の大会はいつやるのかという電話が志田のもとにひっきりなしにかかってきた。第9回大会を見た参加店舗、サポーター企業が次回の案内がないことにしびれを切らし、もう一度、大会をやってほしい、と訴えてきた。

志田は困惑した。自分は月乃先生の生徒として、一実行委員、一ボランティアをしていただけで、大会を主催する権限は何もない。実行委員として資金繰りに走らされたこともあるが、それも月乃先生という後ろ盾がいたからできたことだ。それもいまはない。

榎戸にも相談し、さらには5人の有志を含めた7人で渋谷の喫茶店に集まった。第9回から1年後の2010年4月6日のことだ。

その5人の有志のなかに、居酒屋甲子園の事務局を手伝い、第3回大会企画書の作成に携わった村上博志がいた。村上は居酒屋甲子園の理念、成り立ち、成功や失敗の体験などを丁寧に教えてくれた。

月乃先生とは別の大会、エステ甲子園としてあらためて立ち上げ直せばいいのではないか。村上の話を聞きながら、みな自然にその方向に傾いていった。しかし志田には不安が消せなかった。

「でも失敗することもあるんですよ？　赤字になることもあるんです。その時みなさん、責任を取る覚悟はありますか?」

みなの本気を問うた。全員がうなずき、その瞬間からエステ甲子園は走り始めた。来年2月に決勝大会をやろう。このスピード感も居酒屋甲子園そっくりである。

甲子園か、グランプリか

間を置かず、4月28日に理事・実行委員を集めた第1回理事・実行委員会がスタートした。全国から38人のエステ関係者が集まった。

最初に議論になったのは名称だ。女性が多い業界に「甲子園」はなじみにくいという意見が女性の理事から出された。エステティック甲子園にするか、エステティックグランプリにするか。投票の結果、わずかの差で後者に決まった。

理念も居酒屋甲子園にならいながらも、「共に学び、共に成長し、共に輝く」とこの業界にふさわしいものに修正された。

志田は初代理事長に就任し、その日のうちに第1回大会を翌2011年2月16日に開催することを決めた。会場は中野区立なかのZERO。定員1300名。そこから1年足らずの過密スケジュールが立てられた。

1カ月後に集まった理事・実行委員は60名、その翌月には80名が集い、大会に向けて参加サロンの募集と、サポーター企業勧誘に手分けして乗り出した。組織として動き出した手応えを志田も感じていた。

審査方法は、月に1回、計3回の覆面調査による予選会を経て、書類とサロン紹介動画を提出してもらい、理事・実行委員に業界紙編集者らを加えた審査員によって3サロンがグランプリファイナルのステージに上がる。これと同時に、「フェイシャル技術部門」の選考も同様に進められ、各サロンから代表エステティシャンを1名ずつ出し、ステージ上で技を競い合う。これは月乃桂子が主催していたケアコンペティションの伝統を引き継いだかたちだ。

第1回のエントリーサロンは255。会場は立ち見が出るほど盛況で、ステージ上では熱のこもったプレゼンが披露された。大嶋啓介も審査員としてこれを見つめていた。

志田はスピーチで、大会スローガンを高らかにうたいあげた。

「エステティックには二つの美力があります。美しくなりたいと思う力と美しくして差し上げたいと思う力です。エステティックに夢と誇りを持ったエステティシャンが日本を美しくする！」

これも、じつにエステティックグランプリらしい言葉が選ばれたと思う。

東日本大震災と第2回大会

第1回大会の成功を受けて、志田は次回の会場はパシフィコ横浜にしようと心に決めていた。しかしその方針を話し合う間もなく、3月11日、東日本大震災が東北を襲った。志田は直ちに全国の仲間に義援金と支援物資を呼びかけた。

3月23日にはエスグラ創設メンバーの一人、副理事長の山根慎一郎を事務局長の豊福一平とともに仙台に訪ねた。やがてエスグラのボランティアエステ派遣隊が組織された。「こんな時にエステかよ」と厳しい声もあがるなか、5月10日、40名ほどのボランティアが東京駅に集まり、バスで被災地へ向かった。

「実際、ぼくらも受け入れてもらえるのか不安でしたけど、避難所で施術すると、みなさん涙を流されるんですよね。震災以来、ずっと緊張で固まっていらしたので、それがほぐれて自然と」

帰途のバスのなかで、参加したエステティシャンたちは「この仕事をしていて本当によかった」と涙ながらに報告し合った。

「ぼくがエステサロンを始めたころに、お客さまから『ここに来ると優しかった自分を思い出す』と言ってくださったんです。その言葉をずっと自分の支えにしてきたんですけど、ボランティアでも同じように感じましたね」と志田は言う。

震災で世間は自粛ムードが続いていた。全国のどのサロンも業績が落ち、第2回大会に向けて開いた理事会も沈鬱だった。できるわけがない、という意見もあったが、志田は「こんな時だからこそ、立ち上がろう」と檄を飛ばし、胸に秘めていたパシフィコ横浜での開催を訴えた。よし、やろう。志田の決断に全国のエステサロンが応えた。

2012年3月に開催された第2回大会では、エントリーサロンは439サロンと約2倍になった。第3回は549サロンに伸びた。志田は第3回をもって理事長を交代した。第6回大会は大阪、第7回は名古屋で開催した。現在では全国に180名の実行委員がいて、約700サロンがエントリーする大会にまで成長している。

志田に現在のエスグラを見てどう思うか訊ねた。少し考えて、

「最近、面接に来る学生さんに志望動機を聞くと、エスグラを見たからと言う人がちらほらいる。会場に学生さんが来てくれてるんですよ。これが一番うれしいですね」と答えた。

「大手のエステのおかげでエステティック業は繁栄しましたし、エステティシャンという職業も認知されました。でも小規模サロンや個人サロンも全国でがんばっています。小さいサロンは広告費をそんなにかけられないから学生さんにアピール出来ない。情報が少ないんです。だから小規模でも地方でも、こんなに素晴らしいサロンがあるよ、と知らせることに、エスグラが一役買っているのかな、と」

控えめだが、志田の表情からは業界の変化に手応えを感じているのが伝わった。

建設業界に未来をつくる

――建設職人甲子園

税金は払うな、社会保険は入るな

建設業は29業種に分かれていることをご存じだろうか。

大きく、土木系と建築系とがあるが、前者は道路やダム、橋梁や土地区画を含み、後者は上物を建てる工事となる。それぞれ一式工事と呼ばれる総合的な工事に加え、大工、左官、とび、石工、塗装、屋根、電気、タイル・レンガ、内装仕上げに造園など、専門工事が27業種ある。

技能を有する職人の数は全国に約250万、業界で働いている人は約500万人にのぼる。大手ゼネコンを除けば、多くの職人は一人親方だ。みな仕事を覚えるとすぐに独立してしまう。会社組織にしている場合でも社員は多くて3人程度である。

のちに「建設職人甲子園」を立ち上げることになる小山宗一郎がこの業界に入った時も、そんな状況だった。

中学を出て、たまたま荷揚げ屋の仕事に就いた。一生懸命やっていると、トビ、大工、石工などから日払い7000円で来ないか、9000円で来ないかと声が掛かるようになった。

「その中で1日1万3000円もらえると言うんで、よく知らなかったんですが左官に弟子入りしました」

負けず嫌いな性格ゆえ、休憩時間に練習してどんどん先輩を追い抜いていく。

「できますってハッタリかまして仕事もらって、必死でその仕事を覚えるんです。そうでもしないと道具すら触らせてもらえない。それでは技術なんか身につかないですよね。でもまあ、やれるようになれば給料もあがる。これは簡単だなって独立することにしました」

昔から3Kと言われ敬遠されてきた業界だ。職人はみな自分の腕頼み。雇用する側は、職人を受注仕事をこなす道具としか見ていない。命令に従うか、納期に間に合うかにしか関心がないのだ。一つの現場にいながら、全員がばらばらばらなのがこの業界だった。

現場で一緒になった職人の大先輩を、小山たち若者は師匠と慕った。

「税金なんか払うな、社会保険なんかいらない、おれたち職人は手取りさえ高けりゃいいんだ」

そう言っていた師匠がある日現場に来なくなった。小山が仲間と帰りに師匠の家に行ってみたら、部屋の中で亡くなっていた。孤独死だ。

「知ってますか、こういう業界なんです。職人自身も、それを使う側も、誰も将来どうなるかなんて向き合ってない。これでは若い人なんか入ってこない。やっぱり大切なのは、一生働ける会社ですよね」

違和感は小山のなかで少しずつ大きくなっていった。

人を育てるということ

22歳で左官として独立し、24歳で会社を興して人を増やしていった。社員が40名になった頃に1カ月で半分が辞めていった。なぜだろうと考えた。問題は教育だった。仕事のできる人間をリーダーにして班を持たせても、彼らは人に教えるということができない。下が辞めてまた採用しても同じことのくり返し。新人をまかされるそのリーダーのほうにも不満が溜まる。

「それで、研修所をつくることを思いついたんです。ふつう5年かかる左官の修業を2年で教えられないかな、と」

仕事をバラバラに作業分解して教える。小手返しといって、小手に材料を載せる技をまず教える。1日8時間集中して練習すれば、2日で壁が塗れるようになるという。通常の現場だと小手すら握らせてもらえないのだ。

「左官学校もあるんですが、伝統芸能ですから実践には向かない。ぼくはいますぐ使えるのを教えます」

一つ技能を覚えたら給料が上がるから、ますます熱が入る。こうしてどんどん職人を養成し、自分の会社に入れていくうちに、社員は120人を越えた。それでも離職率が下がらない。仕事を取って職人を現場に送りこんではいたが、どこか虚しかった。社員も愚痴ばかり。ついに、お客と職人を連れて辞める社員まで現われ、数カ月で70名が辞めていった。まだ何かが足りないのだ。

そんな時、居酒屋甲子園の噂を耳にした。会場にまで行く勇気はなくて、Youtubeで映像を見て、鳥肌が立つほど驚いた。なんてみんな楽しそうなんだろう。自分もこういう会社にしたかった。仕事はできるけどみんなバラバラ、ではなく、スクラムを組んで一つになれる会社にしたい。

もう一つ驚いたのは、ステージ上で、経営者も店長もスタッフも、誰もが悩み苦しんできた経験を包み隠さず、自分の弱さをさらけ出していたことだ。

「ぼくはずっと背伸びし続けてきたんですよね。社長だから、わからないこともわかったふりをしなきゃいけない。モチベーションを上げろって本で読んだようなことを言っても、社員が『社長だってできてないじゃないですか』って目で見てる。弱さを見せるのが怖かったんですよ」

自分が変わらなければいけない、と気づいた。けれど具体的にどうすればいいのだろう。

「社長として仕事の注文は取ってきているし、技術もつけて社員が稼げるようにしている、なのになぜ、という意識がどこかにあった。でも単にお金じゃないことは自分でもわかってたんです」

ある時「リフォーム甲子園」というのが開かれると知った。なんだ、自分たちの業界にもあったんだと小山は早速エントリーした。

壇上でのプレゼンのため、理念を決めようと社員に呼びかけた。

「理念なんて絵に画いた餅だと、そんなもの、いくら言っても仕方ない、そんなものはつくらないとすら思っていたんですけどね」

そもそも自分たちは何を伝えたいんだろう。自分たちが大切にしてきたことって何だろう。

「話し合ってみると、自分たちが仕事をする上で大事にしていることがたしかにある。たとえば二つの仕事があって、あっちのほうが単価は高いけど、こっちは職人を大事にしてくれる、ならこっちがいいよねって。単純なことです。要はお金じゃなくて誇りだったんです」

自分たちの中にすでにある想いを言葉にすればいい、それを理念と言うかどうかは別問題だ。それに気づいて、社員からも意見が出るようになった。

最終的に二つの理念を決めた。

「かかわる人すべてを笑顔にする」

「職人の価値を高め、職人が大切にされる世の中にする」

そのためにおれたちは働いているんだと、小山は初めて社員と同じ方向を向いた気がした。

リフォーム甲子園から建設職人甲子園へ

みなで意気揚々と大阪の会場に向かったが、到着してみると様子がおかしい。壇上でプレゼンする企業は小山たち1社のみ。1000人の会場に観客は百数十名。そもそもエントリーしたのは自分たちだけだとわかった。

審査員席には、居酒屋甲子園の2代目理事長を務めた高橋英樹の姿があった。しかしこの大会は、居酒屋甲子園とも、小山が思い描いていたものとも相容れない。組織づくりも理念浸透も、職人の地位向上も何もない。これでこの業界は変われるのか、と小山は憤りを隠せなかった。

それでなくても建設業界は5K（キツイ、キタナイ、キケン、クサイ、カッコワルイ）とまで言われる。若者が業界に入ってくる割合は、20年前とくらべて6割減ったという調査もある。このままでいいはずがない。

リフォーム甲子園の実行委員長をと言われ、引き受けはしたものの、この組織の目指すところと自分のしたいことに隔たりを感じるようになった。もっと本気で業界を変え、もっと本気で職人を盛り上げていきたい。きっかけをつくってくれたことに感謝しながらも、半ば飛び出すかたちで建設職人甲子園を立ち上げることにした。

審査員で来ていた高橋英樹を頼りに、居酒屋甲子園のノウハウを積極的に、いやそっくりそのまま使わせてもらうことにした。理念は「共に学び、共に実践し、共に輝く」。建設業の実情に寄り添ったものにした。

「小山は居酒屋甲子園の回し者だとか、批判はされました。でもあれだけのことをしてる人たちなんだから、まずは真似するのが当然だろうと思ったんです。オリジナリティなんか出さずに」

次第に志を同じくする仲間が集まり始めた。全国を7地区（東京、埼玉、千葉、神奈川、栃木、大阪、九州）に分けて組織化していき、各地区を回って説明会、懇親会をくり返した。

2015年4月、東京五反田ゆうぽうとホール。ついに第1回建築職人甲子園が開催された。エントリーは309社。

1次審査は顧客満足度がはかられ、お客感動エピソードで競われた。2次審査は従業員満足度と業界活性化につながる各社の取り組みが争われていった。そこから、業界活性化につながる学びや気づきができるプレゼンかどうかで決勝大会壇上5社が絞り込まれていった。

第1回の優勝は有限会社イスミ塗装工業。従業員8人の小さな会社だ。しかし職人の育成に力を入れており、理念、人間関係、絆を重視した経営が評価された。

若い社長・白鳥和則は、建築甲子園に参加したことによる会社の変化をこう語る。

「いままであんまり職人たちと会話がなかったんですが、甲子園を機にみんなと話すようになりましたね。エントリーシートの『なぜこの仕事を選んだのか』という質問に、社員が『成り行き』とか書いているわけです。『おまえ、ほんとに成り行きなんか?』と聞いていくうちに想いがどんどん出てくる」

そう言う白鳥自身、自分がどんな想いで仕事をしているか、社員に話したことがなかったことに気づいた。

「私も、どうせこいつらじゃダメだとか決めつけていたんですよね、どこかで。彼らは彼らなりに努力している、彼らがどんな想いで仕事をしているのかわかったのはよかった」

第2回大会は、土木も含めて「建設職人甲子園」と名称を変更し、地区大会を開くことに決めた。理事長の小山としては、できるだけ現場の最前線にいる職人たちが来れるイベントにしたかった。会場に集うことによってしか感じられないものもあるからだ。だが現実的には、東京までわざわざ出てくるのはむずかしい。せめて地区ならばとの想いだ。

各地区大会は、地区の実行委員として立ち上がった有志にまかせている。無理に組織化しないで、やりたい人がやるというスタンスだ。

「建設職人甲子園から、勝手に新しい団体が出来て集まってもいいんですよ。左官とか、塗装とか、業種がちがうとわからないことはありますから。でも最後にここに帰ってきて共にやればいいと思うんですよ」

第1回大会の成功もあって第2回はエントリー企業も451に増えた。全国決勝大会の場所は千葉幕張メッセのイベントホール。職人体験コーナーが併設され、親子連れの来場客が多かった。

これからの建設職人業界について小山に訊いた。

「工場でつくられたものを現場で組み立てればすんじゃうように、今後なっていくとしたら、そのとき職人としての価値ってなんだろう、とは思うんですよ。でも日本の建設職人にはまだ世界に誇れる技術力がある。SHOKUNINというのを世界に通じる言葉にしたいんです。カーペンターでもアルティザンでもなく、ショクニンと」

小山は「ぼく、口下手なんですよ。人前でしゃべるのとか苦手で」と言う。壇上の職人たちの多くが同じように言う。接客が仕事に含まれる他の甲子園とは異なり、手と体を使う仕事だから仕方あるまい。しかしこの業界を変えたいという想いの熱さは、確実に伝わってくる。

6 居酒屋甲子園とは何なのか

「何ですかね……。きっかけ、ですかね」

居酒屋甲子園の事務局を現在取り仕切っている羽田優貴乃に、「あなたにとって居酒屋甲子園とは何だろう？」と尋ねると、考えた末にそう言った。羽田は、第6回、7回大会で壇上を経験している。北海道地区代表「心に花を咲かせる一軒家　サチの家」のスタッフの一人だった。

「居酒屋甲子園に出ると言われたときにはあまりピンと来なくて。毎日お店が終わった後に、会議したり練習したり、正直しんどくて、店長とか徹夜でやってるし、次の日の営業に差し支えるんじゃないか、こんなことしてる場合じゃないんじゃないかって、ずっと思ってましたね」

でも壇上に上がってみたら違った。いまＤＶＤで当時の彼女のスピーチを見るとじつに晴れ晴れとした表情で客席を見返している。ステージで何を感じたのか？

「誇りです」

言いよどむことなく、そう言い切った。自分の仕事に対する誇り。自分がチームの一員であるという誇り。自分は毎日何のために店に立つのか。５０００人の観客の前でそれを言葉にして初めて、羽田はそれを誇らしいと感じた。ただ働くということと、誇りをもって働くこととは別物だとわかった。

居酒屋甲子園へのエントリーを決めるのは店長や社長かもしれない。だが、舞台をつくるのはスタッフたちだ。それでも彼ら彼女らは決してやらされているのではない。自分たちの仕事の意味を探しているのだ。現場の一人として舞台を経験した羽田から「誇り」という言葉が出てきたことに、私は深く納得した。

もう一人、店舗のスタッフとして居酒屋甲子園を体験した村松昌枝にも同じ質問をしてみた。

「発見かな……」

村松は、第5回大会から居酒屋甲子園の舞台の演出プロデュースを担当している。壇上店舗にあらかじめ取材に行き、その店のいいところ、強みを見せるにはどうしたらいいかを考えながら、紹介映像の撮影をし、各店舗と深くコミットする。

もともとはお菓子作りの世界に入った。だが、接客をまかされるうち、しだいに接客が好きになり、いろんな現場で経験を積み、ホテルに勤めた。仕事のできるホテルマンの同僚や先輩には出会えたが、本当に仕事のことを話し合える友人はできなかった。

「さみしかったんですよね」

この仕事っていいよね、と語る相手がいない。居酒屋甲子園の存在を知り、第1回をDVDで、第2回は会場で観た時、自分はさみしかったんだ、こうやって想いを語る機会がなかったんだとあらためて自覚した。第3回では、とあるエントリー店舗のスタッフとして働いており、予選で落ちてしまったが楽しかった、と言う。いまは演出担当として、各店舗の想いに触れることが何より楽しいと語る。彼女は居酒屋甲子園をなにがしかの欠落を埋めてくれる場所として発見したのだ。

ここまで、居酒屋甲子園の12年の道のりをたどり、他業界へいかに波及したかを駆け足で見てきた。取り上げたのはごく少数の中心的人物たちであるが、それぞれに羽田や村松と同じように、居酒屋甲子園を一つのターニングポイントにして変わっていく。かかわる人に何かを残し、生き方を変えてしまう。この居酒屋甲子園とは一体何なのだろうか。

居酒屋甲子園が生まれてくる必然性

影響力の大きさ

居酒屋甲子園にかかわった人の数は決して小さくない。

12年間でエントリーした店舗は延べで約1万2000、リピーター店舗を70％と見ても、400店舗になる。1店舗のスタッフを平均30人とすれば、12万人。これに会場観戦者延べ5万人を入れて17万人。これがかなり控えめな見積もりであることは言うまでもない。

市場規模で考えてみよう。居酒屋甲子園にエントリーする店舗はだいたい繁盛店だ。こちらも少なく見積もって月商500万、年商6000万円とすると、1750のエントリーで1050億の売上になる。居酒屋の市場規模は約1兆円と言われているから10％を超えることになる。それぞれの経営者がほかに数店舗を有することを考え合わせれば、数倍の規模を持つことが推定できる。
他業界の甲子園でかかわっている人数や市場規模をあわせると、その影響力は無視できない。たとえば介護は、エントリーが６４７２事業所、一つの事業所のスタッフを１００名として、約65万人が関与したことになる。建設職人や旅館、エステ、その他も考え合わせれば少なくともこの10年間で数百万人の人間が、「甲子園」の理念や目的に共感したのだ。

これは何なのか。「甲子園運動」と私は呼んでみたが、その呼称ではなにか捉えきれない、どうにも違和感が残る。はたしてこれは「運動」なのだろうか。

じつは、居酒屋だけでなく、他業界でも、立ち上がったのは大嶋啓介らとほぼ同年代の若者だという共通点がある。これを世代論でまとめるつもりはない。だが、何か時代の要請、必然のようなものがあるようには感じるのだ。

チェーン居酒屋の衰退

居酒屋は、江戸時代から連綿とつづく日本文化の一つだ。それが一気に全国に普及したのは１９６０年代に「養老乃滝」「鮒忠」などのチェーン居酒屋が登場して以降のことである。70年代から80年代にかけて外食にチェーン理論が持ち込まれ、居酒屋業界も70年代には「庄や」「天狗」「村さ来」「つぼ八」が次々と店舗を展開し、80年代には若者向けに業態を整えていった「モンテローザ」（白木屋、魚民、笑笑など）と「ワタミ」が、外食市場の膨張に支えられて急成長を遂げた。

しかし居酒屋業態の市場規模は、１９９２年の１兆４６２９億でピークを迎え、97年以降は下降線をたどり始める。もともとチェーン居酒屋は、ＦＣによる多店舗展開で食材の調達コストを下げ、セントラルキッチンによる人件費の抑制によって低価格路線を突き進んできた。しかしデフレ時代に突入し、さらなる激安競争にさらされ、一気に苦境に立たされた。客足も次第にチェーン居酒屋から離れ始める。

居酒屋甲子園の第1回に参加した店舗は、２０００年前後に独立した若い経営者が多い。ちょうどチェーン離れが進む時代だった。

２００1年には狂牛病騒動で食の安全意識が高まり、少子高齢化と中食やコンビニの台頭によって外食市場自体が縮小、居酒屋業界は転換点を迎えていた。

チェーン離れが進むなか、チェーン居酒屋の「忘れ物」が指摘され始めた。

一つは創業の精神だ。飲食の産業化に挑んだ起業家たちは、よりよいものを安く提供することに使命感を持っていた。また、彼らには飲食を他の産業と同じ「職業」にまで高めようという意識も高かった。だが成長の過程でその精神は置いてけぼりにされがちだった。

もう一つは、飲食のアイデンティティだ。外食はお客に何を提供する仕事なのかがあらためて問われ、「ホスピタリティ産業としての飲食」という古いキーワードが復活した。コストパフォーマンスはよくて当たり前、消費者はそれ以上の何かを求め始めていた。マニュアル化されたチェーンのやり方はますます顧客に届かなくなっていった。

このホスピタリティに「おもてなし」という言葉がいつから使われるようになったのかは判然としないが、しだいに世間では「感情労働」に注目が集まるようになった。感情労働とは、肉体労働と頭脳労働に対比される考え方で、自分と相手の感情を扱う労働である。自分の感情をコントロールすることも、相手によい感情をもたらすことも労働の一部になる。食事や酒だけではなく、居心地のよさや気持ちのよいサービスを提供する仕事はまさに感情労働だ。

一人一人のお客に向き合うことばかりでなく、働くスタッフの感情がすりへってしまわないよう、彼らとも向き合い、育てることが必要になった。

居酒屋甲子園はまさに、業界がこうした課題に直面していた頃に構想されたことになる。

個店が集まる意味

居酒屋甲子園を立ち上げた4人組（大嶋啓介、赤塚元気、深見浩一、上山弘朗）は、居酒屋業界が退潮傾向にあるなかで独立し、繁盛店をつくりあげた。彼らが朝礼を通して、スタッフへの理念浸透とマインドづくりに努めたことは、第1章に記した通りだ。

初期の居酒屋甲子園に参加した店舗は、それぞれ地方の繁盛店で、やはり居酒屋に求められているものを独自に理解し、彼らなりの工夫を重ねていた。しかしチェーン店は工夫の余地が極端に少ない。

深見はリンクワンで「牛角」に店長として派遣されたとき、業態もメニューも変えられない、変えられるのはスタッフの意識だけだと教育に力を注いだ。第3章で佐々木強太が個店のやり方を持ち込んで「和民」を立て直した事例を紹介したが、これをチェーン全体でやるのは困難だ。時代の変化に対応できる個店のほうがいつのまにか優位に立っていた。しかも、彼らはチェーンが築いたやり方のいいところは柔軟に取り入れることができるのだ。

しかし、ではなぜその個店が集まる必要があったのか。理念経営も、スタッフの育成も、すべてそれぞれの店が、各自にあったやり方を見つけるしかない。学び合うなら勉強会でいいではないか。私のような凡人はそう考えてしまう。大嶋は最初から業界を、日本全国を見据えていたのだ。いったい何を見ていたのか。

大嶋が「牛角」のパートナーズ・フォーラムを見て興奮し、これを居酒屋でやりたいと思ったように、九州でまったく同じことを考えていた人物がいる。博多Ic∞会（イコーカイ）の別府治幸会長（あ・うんグループ代表取締役）だ。

別府は、2001年に仲間4人と勉強会、Ic∞会を立ち上げる。たまたま美容業界の勉強会を見学する機会があり、彼らが互いに技術交流をしているのを見て、居酒屋業界もこれを見習うべきで、共に学び合うべきだと考えた。

2004年頃にパートナーズ・フォーラムのビデオを見て感動し、博多・九州でこんな大会ができたら面白いね、と話していたところに、大嶋啓介が現れた。

「居酒屋から日本を元気にしたいんです。全国の一生懸命な取り組みをみんなで共有しましょう」と居酒屋甲子園の構想を大嶋が熱く語った。

「なぜそんなことを思い付いたのですか」と別府が問うと、

「牛角さんのパートナーズ・フォーラムというのを観たんですよ。居酒屋だって、全国に熱い想いをもっている同志がいるはずですから、その仲間と共に日本を元気にしていきたいんです」

別府は、同じものを観て、福岡・九州を元気にしたいと思った自分と、日本を元気にしたいと思った大嶋との発想の違いに心底驚き、「この男を担いでみようと思った」と言う。以後、Ic8会は居酒屋甲子園と手を取り合って、店舗の勧誘に協力することになる。

大嶋自身も、すでに愛知の「かぶらや」にいた頃から勉強会に励んでいた。居酒屋甲子園へと突き進む頃には、学び合う以上の何かがあると感じていたはずだ。個店を糾合する意味、全国を巻き込んでイベントをする意味とは、何だったのか。

居酒屋甲子園の役割を考える

「共に」の意味するもの

「感情が入らないと伝わらないんですよ」

居酒屋甲子園の決勝大会の演出プロデュースを担当するコムネット社長、安藤慎平は言う。

「本大会は、セミナーになってはいけないと思っているんです。こういうやり方がある、こうしたらうまくいきました、という実例から学ぶことはあるでしょうけど、マインドが伝わらないと会場に感動は生まれない。マインドばかりになってはいけないことはわかりますが、マインドがないと学びにならないんです」

だからこそ安藤は「感情をこめて全身で伝える」演出を心がけると語る。

第1章で触れたが、大嶋がそもそも居酒屋甲子園を思い付いたのは、レインズ西山知義の「企業の成長は感動の共有にある」という言葉にある。大嶋は「業界の成長も感動の共有にある」と考えた。

感動の共有。ここに居酒屋甲子園の本質がある。「共有」だ。「共に学び、共に成長し、共に勝つ」という理念の力点もじつは「共に」にある。この言葉には、業界を縦に組織化するのではなく、横断的につなごうという意志がある。

横につながるフラットな組織をよしとする考え方は、大嶋だけではなく、赤塚にも、保志にも、居酒屋甲子園に参加する店舗には少なからずある。彼らは自分の会社を強烈なリーダーシップで統率しているように見えるが、じつはそうではない。赤塚はそれを「リーダーが仲間と一緒に横並びでやっていこうという関係」と表現していた。「あいつが言うならしょうがないな、支えていこうと周りが思うようなリーダーがいまのリーダー像だと思っています」

もともと彼らのチーム作りはここを基点としている。大嶋や赤塚の朝礼スタイルはまさにそうだ。接客の基本用語を大きな声でくり返し口にしたり、会社の理念を唱和するような朝礼は昔からあった。しかし彼らの朝礼は、アスリートが試合開始前に円陣を組んで大きな声を張り上げ、高揚感と一体感を獲得していく「サイキング・アップ」というメンタルトレーニングと基本的には同じだ。それはリーダーというよりキャプテンに近い感覚だ。実際に見学してみて、私は合唱に似ていると思った。

河合隼雄の『心理療法対話』のなかに、合唱がもたらす効用について語られるエピソードがある。作曲家の三善晃が、教育学者の佐藤学から聞いた話として紹介したものだ。

300人の子どもを相手に合唱を指導することになった。はじめはてんでばらばら、落ち着きもなく大騒ぎだったが、数時間後には何とか合唱が成立した。後日、その子供たちから届いた手紙にはこう書かれていた。

「このあいだはとてもよかった。なぜって、みんながいた。みんながいたから私がいた」

合唱というと、個を消して全体の調子に合わせていくような印象があるが、そうではない。合唱に参画する、合唱という場を通して「仲間」の存在に気づき、「私」がそこに含まれていることを自覚できる。他者がいるから自分がいる、と個を発見するのだ。

それは歌の内容とは関係がない。大嶋の朝礼のスピーチ訓練も話した内容に共感しているのではなく、空気に共鳴しているのだと考えればわかりやすい。

居酒屋甲子園で店舗スタッフが壇上でおこなうスピーチにも、「自分には仲間がいることに気づいた」「自分はここにいていいんだとわかった」といった文言がしばしば聞かれる。この居場所を見つける作業は、もちろん単なる合唱の共鳴とは異なる点も多々ある。プレゼンをつくり込む過程で、彼らは自分の仕事が何とつながっているか、どんな価値があるかを再認識する。だからこそ、店の営業で得られるスタッフの一体感、マインドの共有が「仲間」の存在と「私」の居場所を発見させるのだ。

決勝大会会場に集まった5000人の観客の多くが、仕事として居酒屋にかかわっている。自分の立場に置き換えて観るから共鳴が伝わりやすい。いや、だからこそ感情、マインドがなければ伝わらないし、共有が生まれるのだ。

競争の意味を変える

「共に」という考え方が他業界の人たちにも響いたのは、競い合うこと、競争の意味を大きく変えてしまった点にもある。

これまで何度か述べてきたように、どの業界でも基本的には他店は競合店でしかなかった。美容業界では技術交流も行なっていたし、居酒屋にも地方ごとに勉強会はあった。『共に学び合う』ことの必要性には気づいてはいたが、「共に勝つ」という一歩までは踏み切れていなかったと言っていい。

第1章でも紹介したように、大嶋は「ウサギとカメ」の話を例に取り、「共に勝つ」ことを、「自分だけが勝つよりも、共に勝つほうが喜びが大きい」と説明した。第3回大会企画書では、一緒に成果を出すこと、成果を共有し、分かち合うことと言い換えられた。

しかし、これは「共に成長する」こととどう違うのだろう、と私はずっと疑問に感じていた。もちろん、共に頂点という目標に向かうことの意味はわかるが、具体的に何が違うのか。「共に」を強調すれば、競争の否定になってしまわないだろうか。

競争（competition）の語源について、『ランニング実践学』などの著書で知られるジョージ・シーハン博士の解説が興味深い。「競争する」（compete）は、そもそも「一緒に」（com）「探し求める」（petere）に由来する。つまり、「互いの力を借りて、最高の自分を探し出す」という意味である。博士はそれを「互いに高めあい、奮い立たせるこの戦いの場は、相乗効果を持った社会であり、一人が利益を得れば同じだけの利益が行き渡る。それは誰もが勝者になれる社会だ」と説明し、唯一の勝者、という考え方を斥ける。

つまり「共に勝つ」とは、敗者のない競争なのだ。「共に成長する」が業界全体の成長に向けて手を取り合って進むことであるとすれば、「共に勝つ」とは、個の単位でやはり競争はする、しかし誰かを負かすためではなく、ゴールに向けて各自が走り続けることなのだ。先導者が引き上げるのではない。先導者を見て、後続はあきらめかけていた足を動かし、前へ走り始める。シーハン博士の言う「互いの力を借りて、最高の自分を探し出す」ことだ。フラットな組織だからこそ、これが可能になる。

決して競争を否定はしない。各店舗は、それぞれの街で、それぞれの地域で勝つため、成果を出すために努力する。しかし他店は勝ち負けを競う相手ではなく、併走する仲間なのだ。

他店があるから自店がある――。業界に合唱と同じ効用をもたらしたのが、「共に学び、共に成長し、共に勝つ」というスローガンだったのだ。

サポーター会の存在

この競争の意味のちがいを感じ取り、変わっていったのがサポーター会だろう。

サポーターとは居酒屋甲子園を支える協賛企業で、立ち上げの際にはぐるなびやビール会社4社を筆頭に、60社が名乗りを上げた。いまやサポーターは140社を超える。食材や飲料、設備、人材、財務支援までさまざまな企業が名を連ねる。

ある時、サポーターとして何かできないかと、佐原琢夫（株式会社アドプランナー、初代サポーター会会長）が異業種交流会のような会を組織した。

しかしサポーター企業にとって居酒屋は営業先だ。同業他社はライバルである。客を前に相まみえれば牽制し合うことになってもおかしくない。

「たしかに業者会って一業種一社という縛りがよくありますね」と、3代目のサポーター会会長を務める井上謡《うた》（福島鰹株式会社）は言う。「でも私たち、居酒屋甲子園を支えて一緒に日本を元気にする目的で集まっていますから気にしません。逆に、こういう集まりだからこそできることもあるんじゃないかって、最初にあえて同業のレジ会社2社を講師にした勉強会を開いたんです」

どちらも自社の製品の宣伝はしないと取り決めて、一社はレジの歴史、一社はレジのうんちくを語った。

「無茶な企画ですよね。でも、すごくおもしろかったんです」

言い出したのは、そのレジ会社の一人、2代目サポーター会会長の菅野壮紀（株式会社アプリラボ）。ビジネスパートナーを探したり、営業の機会を見つけようとするような異業種交流会で、こういう試みはたしかに考えにくい。

井上自身、居酒屋甲子園のサポーターになるにあたって、新しい営業先を見つけられたら、と考えていたことは否定しない。

「付き合ってみると、彼らは私たちをそういう目で見ていないんですよね。こういう営業が来たけどやりにくいねとか、彼らの目線で営業の人間がどう見えているのか率直に聞かせてくれる。得がたい経験でしたね」

気がつけば、自社の営業のことは忘れて、若い彼らの悩みを聞いたり、アドバイスをしている自分がいた。

「ある時ふと、もっと協賛の口数を増やしたほうがいいだろうかと彼らに相談したことがあるんです。そうしたら、それはうれしいけれど、こうやってみんなで飲みに来てくれるほうがうれしいって言うんです。私たちを、お客さんではなくて仲間として見てくれてるんだなと思ってうれしくなりました」

しかし協賛する以上、はっきりした成果を求める会社もあるのではないか。

「もちろん、サポーターになって、理事や実行委員と名刺交換をして、がんがん営業の電話をする方もいるかもしれません。でもたぶん、思ったような成果は得られないでしょうね。だってそれでは居酒屋甲子園とは関係なくなってしまいますから」

ここでは短期的な、自分の会社の利益だけを考えてもうまくいかない、時間をかけてこそ得られるものがある、と井上は強調する。

「私の場合は、自分は何のためにこの商品を売っているのか、よく考えるようになりました。単に商品を買ってもらうだけで終わりではなくて、それが業界や社会のどこにつながっているのかが見えて、初めて拡がっていくんです」

サポータ会は居酒屋甲子園の運営にもボランティアとして深くかかわる。まさに伴走者としての立ち位置を見出したのだろう。

想いの詰まった樽神輿

横断的でフラットな組織の大きな特徴は「ねばならない」がないことだ。実際、居酒屋甲子園12年の道のりを振り返ってみても、理念や「居酒屋から日本を元気に！」という目的は継承されているが、各理事長が独自にテーマを打ち出し、まったく新たな切り口や路線を提示する。誰もそれに反対しない。「居酒屋甲子園はこうでなければいけない」という縛りはなにもない。

なかでも3代目理事長・松田真輔が打ち出した「らしさの追求」は組織のフラット化を大いに後押ししたと思う。地域や店舗の多様なあり方をそれぞれの「軸」と位置づけたテーマ設定は、この組織が上から何かを課すものではないことを強く印象づけた。

それにしてもなぜ、このような組織が成立し得たのだろうか？

「そりゃあ、大嶋啓介だったからでしょう」

そう言うのは、陶芸家の安見一念である。安見は今城焼窯元FIELD土香という、飲食店をサポートする創作陶芸家集団を率い、居酒屋「てっぺん」の食器制作を手がけるなど、大嶋啓介とは古い付き合いだ。居酒屋甲子園では記念盾を制作し、「影の監事」と言ってもよいほど深くかかわってきた。その彼が、大嶋でなければならなかった、と言う。

「あくまで喩えですけど、大嶋は樽神輿《たるみこし》なんですよ」

樽神輿は空き樽だから軽い。だから担ぎ手がわれもわれもと群がってきて、祭りになる。

「あれが高橋英樹だったら重すぎて誰も担がなかったでしょうね」

ただ、その樽は空ではないと言う。

「想いが詰まってるんです。最初は大嶋を担いでいたんだけれども、いつのまにかみんなで想いを担いでる。だから大嶋が降りても、担ぎ手が替わっても、居酒屋甲子園という祭りは続いていくんです」

たしかに、居酒屋甲子園の初期にかかわった人たちに話を聞くと、誰もが「大嶋の想いを形にしてあげたいと思った」と口にする。大嶋は赤塚が言うところの「あいつが言うならしょうがないな、支えていこうと周りが思うようなリーダー」そのものだが、いまは理事長が替わっても誰もが当然のように支え、祭りをつづけている。

「大嶋は『想い』で相手と磨き合うんです。決して踏み込んで削ろうとしない。相手の想いの堅さを見極めながら、相手の可能性を引き出していく」

安見の言葉を聞きながら、「夢を持てって最近あんまり言わなくなったんですよ」と大嶋が言っていたのを思い出した。「夢を持たなきゃいけないと思わせてしまうと、かえって自信をなくしますから」。押しつけるとか、従わせるという発想は、大嶋にはない。

やっと大嶋という男が、彼がつくりだした居酒屋甲子園というものが、少しわかってきた。

考えるきっかけ

大嶋の想いとは何なのか。

「外食で働いている人が誇りをもって輝いてほしいと思ってました。この仕事って最高だ、この仕事を選んでよかったと思えるようにしたい、と」

この言葉がおそらくすべてなのだ。大嶋には想いはあったが、方法はなかったし、やり方もわからなかった。

第1回大会に、彼は「夢」というテーマを掲げた。まさに「想い」を先行させたわけだ。その夢、想いを現実化するにはどうしたらいいかは、想いを担いだ者たちが考える。地域がまず元気にならなくてはと、リスペクトローカルやクールローカルを考え出したのは、高橋英樹以降、代々の理事長たちだ。

「(大嶋)大将は革命家だと思うんです。人を元気づけたり、変わるきっかけをつくることができる。けど、それだけではリアルにはならない。ぼくは実務家として状況をリアルに変えたいんですよ」と、保志真人は言う。「でもだからこそ、大将だったらどう考えるか。ぼくはいつもそこから始めるんです」

きっかけをつくるのは想いだ。大嶋にはおそらく「外食で」というこだわりすらなかったのではないかと思う。誰もが「この仕事を選んでよかったと思える」ことを、自分の仕事の意味、自分の価値を確認できることが望ましいと考えていたはずだ。

建設職人甲子園をつくった小山宗一郎は、こう話していた。「仕事の注文も取ってきている、技術を身につけさせて稼げるようにしている、なのに社員が辞めていくのはなぜだろうと思ってた。でも、単純にお金じゃないことは自分にもわかっていたんです」

介護甲子園をつくった左敬真も同じだ。「おむつ交換がルーティン仕事ではなく、どうなりたいかという夢につながっているのが大切なんだと気づいたんです」

どの仕事にも誇りが必要だし、意味が必要だ。単純に経済合理性だけで、人は働きはしない。そして誇りや意味は、外から与えることはできない。自分で見出すほかはない。それを発見するきっかけが「甲子園」というものなのではないか。

居酒屋も旅館も、サービス業は全般に長時間労働になりやすい。建設職人も介護もエステも身体を駆使して仕事をする。3Kだなんだと簡単に言うが、彼ら自身、そんなことは重々承知している。だからこそ、彼らには誇りや意味が必要だ。仕事の素晴らしさを自覚し、伝える手段や機会が必要だ。「甲子園」という活動はその基盤となりつつある。

夢や想いという言葉は、あまりに抽象的で、情緒的にすぎないか、という批判はあるだろう。私もそう感じていた。しかし、これは「考えるきっかけ」にすぎないのだ。どんなビジネスであれ、売上を上げよう、職場をよくしようという想いがなければ、方策を考えることなどできまい。

実際、「甲子園」にかかわる者たちは、想いをきっかけにして具体的に考えている。疲れていてはサービスにも次の現場にも差し支える。長時間労働や賃金の問題に、みな真剣に心を砕いている。正社員化を進め、実質的な福利厚生を徹底する保志真人のキープ・ウィルダイニングを第4章で紹介したが、多くの会社が独自のやり方を追求しつつある。

考えることは参加する店舗、かかわる人にまかされている。「やり方よりもあり方」と松田真輔は言ったが、あり方は教え合うことができない。自分はなぜ店に立つのか、自分たちにいまできることはなにか、自分はどうありたいのか、答えは自分たちで見つけ出すしかない。居酒屋甲子園というイベントに、きっかけはあっても答えはないのだ。それでも本章の冒頭で紹介した羽田優貴乃や村松昌枝のように、誰もが何かを見出す。

大嶋が、社会の見方を変えることまで目論んでいたかはわからない。だが、間違いなく、居酒屋甲子園もその他の甲子園も、それぞれの業界の見方、見え方を変えたと思う。

拡がる輪

人材不足は、居酒屋に限らない。もはやどの業界でも聞かれる問題だ。働き方改革の名の下で、どの企業も業界も、突如として働きがいだ生きがいだと言い出している。仕事とは、要は人なのだと、ようやく気づいたのだろう。新しいビジネスモデルや新しいツールがどれほど生まれようとも、それを使うのは人だ。人材がいなければしくみもツールも動かないし、役に立たない。それによって幸せになる人がいなければ、使う人はいないだろう。

居酒屋甲子園は、最初から人を基点として始まった。働く人が輝くこと、というスローガンはたしかに正論だと私も思ったが、最初は実感がなかった。過去のＤＶＤを見つづけながら、若者たちの熱量には感嘆したが、正直なところ戸惑いもあった。これをどうやって日本全体にまで敷衍していけばいいのか。

印象に残ったのは、ある大会に登場した初老の女性スタッフのスピーチだ。

彼女は小さな割烹居酒屋を営んでいたが、経営がうまくいかず、店を畳まざるを得なくなる。悔しくて、飲食があきらめきれず、家族の反対を押し切って一本向こうの通りで繁盛していた居酒屋のスタッフになった。息子や娘くらいの仲間たち。彼女にしたらまるで遊んでいるようにしか見えないくらいに、彼らは楽しげに働いていた。彼らはママと呼んで彼女を慕ったが、社会経験が乏しい彼らの行動に、彼女は困惑し、付いていけないと思うこともしばしばあったという。

そんな彼女が驚いたのは、仕込みも調理も接客も、彼らがみな自分たちで話し合って決めていることだった。悩み、苦しみ、一喜一憂し、試行錯誤しながら成長していく彼らの姿を見ながら、自分には彼らの成長を見守る役割があると気づく。「あなたたちのような体力も感性もないけれど、自分にも人生経験だけはあります」と、彼らと共に居酒屋甲子園のステージに上がった彼女は語った。

小さなサークル、輪に固執しない。輪に入れない者を否定したり排除したりしない。むしろ輪の外にいる者にも、居場所をつくり、意味をつくり、この若者たちの輪は拡がっていくのだ。

人が輝いて、店が輝く。店が元気で、街は活性化する。街が魅力的になれば、地域に人が集まってくる。居酒屋から日本を元気に――そのスローガンは壮大に聞こえるが、人から始まって、同心円状にどこまでも拡がっていくイメージがありありと私にも浮かんできた。

新しい世代のロールモデル

かつて、村上龍が書いたベストセラー『希望の国のエクソダス』に、「この国には希望だけがない」との一節があった。戦後の「希望だけがあった」時代につくられたシステムにしばられて、身動きがとれなくなっている大人たちに、中学生が投げかけた言葉だ。「いいからおれを真似て生きればいいいんだ」と言える大人がいるんでしょうか、と問われ、政治家たちが絶句する。

この国がかつて歩んできた大量生産、大量消費の時代はもはやとっくに過ぎ、効率ばかりを追い求めることはおかしいと、誰もが感じている。にもかかわらず、若者たちに対しては、覇気がないとか、海外に行きたがらない、車も欲しがらないとはどういうことかといぶかり、低欲望社会だなどともっともらしいキャッチフレーズで批判がなされる。こうして、いまだに過ぎた時代の価値観で語られることがいかに多いか。

大嶋が夢を語り始めたのは、日本には大人を尊敬していない子どもが多いとの調査結果に衝撃を受けたからだという。「学校の先生を尊敬してる」子どもは、アメリカ、EU、韓国では80%を超えるが、日本は21%。「親を尊敬している」青少年は、日本で25%、世界平均は83%だ。

村上龍が描いたように、旧来型のロールモデルはもはや機能しない。大嶋の世代はいち早くそれに気づいたのだろう。彼が構想した居酒屋甲子園、「共に学び、共に成長し、共に勝つ」という理念とは、新しい世代のロールモデルのあり方と言うこともできるかもしれない。

外食産業の置かれた位置はまだまだ厳しい。新しく開店した飲食店は、2年後には半数、3年後には3割しか残らないとの調査もある。

その中で、居酒屋甲子園は12年つづいた。まもなく13回目の決勝大会が開かれる。なぜここまでつづくことができたのか。

思うに一つには、片時も立ち止まらないことだ。組織というものは多かれ少なかれ硬直化する。しかし彼らは理事も実行委員もくるくるとメンバーを更新しながら、同じ神輿をみなで担ぎ続けている。あたかも生物のように。

もう一つは、楽しんでいるからだろう。参加したからといって、勝ったからといって、お金になるわけではない。ほぼすべてボランティアで彼らは集まる。会合にも何度も参加させてもらったが、いつも彼らは心の底から楽しんでいるように見える。

大嶋啓介に、いまの居酒屋甲子園を見てどう思うか、と問うた。

「いや、もう想像以上ですよ」

と、印象に残った壇上店舗から、建設職人、介護、エステなど他甲子園のことまでじつにうれしそうに語る。自分がつくった、という素振りはどこにもない。

「先生、夢を叶えるコツってご存知ですか？」

と大嶋に訊かれた。なんだろう、強く願うことだろうか。

「面白がることですよ」

これが大嶋だ。まったく君らしいよ、と一緒に笑った。

彼らは本当に、日本を変えてしまうかもしれないと思った。

あとがき

私が飲食業界に足を踏み入れたのは、1960年代の最後の年のことだ。当時、資本自由化によってアメリカ大手外食企業の日本進出が始まり、翌70年には「ケンタッキーフライドチキン」が、71年には「マクドナルド」が開業、時を同じくして、「すかいらーく」が郊外型ファミリーレストラン第1号として登場し、「ミスタードーナツ」が産声を上げた。

国民の可処分所得が年々増大し、外食機会が急激に増えると、その需要に追い立てられるように外食チェーンは多店舗展開を急いだ。ファミレスとファストフードは、日本の街の風景を一変させた。

そんな時代に私はピザとパスタを主力とするイタリア料理店チェーンの本部にいて、社会の急激な変化を間近で感じていた。どの店にもピザを求めて若い女性が殺到し行列をつくった。出店要請もひっきりなしにあって、社長のお供で調査や出店交渉によく出かけた。１００店舗構想やそのためのセントラルキッチンプランなどを練って、輝く近未来図を社長に提案していた。毎日が面白くてしょうがなかった。

外食の産業化、という言葉が現実味を帯びていた。飲食も大企業になりうる、社会的に認知された職業になりうるのだと、業界の誰もが感じ始めていた。

80年代の半ば頃になると、店舗は飽和状態にいたった。それでも成長は止まらなかった。外食企業は業態の多様化に舵を切った。やがてバブルの熱風が外食産業を覆う。グルメブームは業態の多様化をより先鋭化させた。

感度の高い若者が集まる六本木、原宿には、カフェバーやエスニック料理店などが、続々と造られ、街を艶っぽく染め上げていった。それを牽引していたのは研ぎ澄まされた感性を持った若い起業家たちだ。岡田大弐、松本純一、杉本尉二、松山勲、池口麗子。彼らはその業態が持続可能かどうかなど考えていなかった。時代の空気を敏感に感じ取り、自分の造りたい空間をそのまま造形して見せる。いさぎよい若者たちだった。そのときには外食企業を離れ、コンサルタントとしてトレンドを追うほうに回っていた私は、彼らの動向を追うことが刺激的で楽しかった。

バブルがはじけ、外食産業も97年をピークに下降線をたどる。２０００年代に入ると、大手チェーン企業の低迷をよそに、再び元気のいい若い経営者が現れてきた。

ダイヤモンドダイニングの松村厚久、ゼットンの稲本健一、カフェ・カンパニーの楠本修二郎、際コーポレーションの中島武、エー・ピーカンパニーの米山久などである。彼らを第2世代と称する人がいる。70、80年代、外食産業化の波に乗って現れた若い起業家たちを第1世代と捉えてのことだ。

彼ら第2世代の経営者は、外食産業が成熟化してから起業している。したがってはじめからマスマーケットの限界を知っていた。コストパフォーマンスやキラーコンテンツの重要性も理解していた。スモールマーケットにカジュアルダイニング業態を展開していく彼らの手際のよさに、私は何度もうならされたものだ。

その第2世代の中に、いつも見え隠れしていたのが、本書の中心人物である大嶋啓介や赤塚元気であった。ただ、彼らの目指している方向性が、ほかの第2世代の人々とは違って見えていた。私も彼らのことが気になって仕方がなかったし、第1回の居酒屋甲子園が開催されるというニュースは目にしたが、どうにもピンと来なくて、そのままにしてしまった。

ある日、ユーチューブで居酒屋甲子園大会の様子を見てびっくりしてしまった。全国から選ばれた代表店舗が経営者もアルバイトも同じ目線で、接客のこと、チームワークのことを感情たっぷりにプレゼンしている。涙を流している人もいれば愉快そうに笑っている人もいる。みな誇らしげだ。何なのだ、これは。

DVDを取り寄せてじっくり見てみると、プレゼンの内容は、サービスの工夫から顧客管理、仕入れのやり方からチーム作りまで、かなり具体的かつ合理的で、いちいち納得できた。

参加する店舗の日々の営業活動はトレンドの中で解釈はできる。その営業活動を支える組織づくりは、経営組織論として整理することもできる。しかしなぜ彼らはこうして集まり、それを発表しているのか。一体何のために、誰のためにやっているのか。居酒屋甲子園そのものは、トレンド分析でも経営組織論からも把握できない。何なのだ、これは。再び頭を抱えた。

どのくらい利益が出るか、店舗が拡大できたかを競うわけでもない。具体的な成長過程はプレゼンの内容にもあるが、その仕事を通じて何を発見したか、仕事にどんな意味を見つけたかに重点が置かれる。そんなものは当然、マーケットだのトレンドだの、経営理論の範疇にはおさまらない。約50年、この業界にかかわって、さまざまな外食企業の栄枯盛衰をこの目で見てきたし、記録もしてきたが、このあまりのつかみ所のなさに、正直意気消沈しそうだった。

調べていくと、大会は回を重ねるごとに拡大し、他の業界にも影響を及ぼしていることがわかった。大勢の人を巻き込みつつ成長する居酒屋甲子園を捉えるには、従来とは異なる、別の〝ものさし〟が必要なのではないか。もはやただのお祭りと切り捨てることはできない、という想いがふつふつとわいてきた。

だが、どこから別の「ものさし」をもって来たらよいのだろう。

私は旧知の日経BP社の遠山敏行に相談した。彼は「日経レストラン」編集長の時代から大嶋啓介に注目し、大嶋の朝礼DVDを2本も世に出していた。当然、居酒屋甲子園のことにも詳しかった。新橋のバルで酒を飲みながら当時の事や、居酒屋甲子園の意味について意見を聞かせてくれた。

もう一人、日経流通新聞（現日経MJ）の編集長を務め、その後日経ホーム出版の社長などを歴任した先輩の牧田正一路にも意見を求めた。彼も居酒屋甲子園のことはよく知っており、そこに集う若者たちのありように興味を持っていると話してくれた。彼らは一般的にマーケティングで分析対象とされる「若者群」とはどうやら異なる。類型にあてはまらないだけでなく、ある種のみずみずしさ、生命力を強く感じるという。

両人とも、居酒屋甲子園に集まる若者たちに対する強いシンパシーを口にした。そうだ、私が感じているのもまさにシンパシーなのだが、このシンパシーはどこを向いているのかがわからない。しかし別の〝ものさし〟探しのヒントは見えてきた。あとは現実におこった事実にそって掘り下げていこう。そう考えて取材を始めた。

幸い、これ以上の人はいないという道先案内人を見つけることができた。ロティサリーチキンの店「クイーン・オブ・チキンズ」の会長・齋藤芳春がその人だ。彼は居酒屋甲子園の立ち上げから今日にいたるまで監事としてかかわり、「おやじ」の愛称で理事や実行委員たちに慕われ、信頼されている。この組織のご意見番だった。

私の意図を汲んでくれた彼は、歴代の理事長や、理事長にはならなかったが中心にいてこの組織を造り上げていったキーパーソンたち、さらには他業界で甲子園を創り出した風雲児たちを次々に紹介してくれた。毎回取材に同席してくれたことも有り難かった。

彼らはみな、私がこれまでに出会うことがなかった魅力的な人ばかりであった。傷つきやすい思春期に片親に育てられたり、やんちゃをして既存のコースを外れた人たちが多かったが、一見不幸そうに見えるファミリーヒストリーを感傷も悔恨もなく笑いながら語り、こうやって生きてきたのだ、という証を堂々と示してくれたのだった。

おまけに、みな聞き上手であった。取材者であることを忘れ、思わず彼らの生き方に同調して熱弁をふるったり、自分の過去を語りすぎてしまい、自己嫌悪に陥ることもたびたびあった。しかし彼らは相づちをうちながらニコニコ聞いている。率直に話す彼らの熱に知らず知らず巻き込まれる。不思議な体験だったが、彼らはみな人の心を熱くさせる才があるのだから当然かもしれない

結局、彼らにとって「共に」は生き方そのものなのだと思う。「共に」を通してしか「個」は回復されることがないという事実を、彼らは本能的に感じ取ってきたのだ。だからどこにも先例がない、共に競い合いながら最高の成果を見つけていくための場、居酒屋甲子園をつくりあげることができたのだろう。

彼らの12年間、いや、立ち上げまでの時期を入れれば13年間をたどりながら、この時代にあって、「共に」の意味をもう一度考え直すことになった。私はずっとビジネスとして外食産業を見続けてきたが、そのものさしでは彼らは測りきれなかった。彼らの存在を社会現象として捉える

ことも、時代のトレンドと呼ぶことも可能なのかもしれないが、いまの私は、やはり、これは新しい時代のビジネスのあり方なのだと考える。

十分に彼らの全貌を捉えきれたか、彼らの熱気を伝えきれたかどうか、わからない。この新しいものさしで、彼らを測りえたとも思わない。彼らが時代の変化に合わせて次々に繰り出している新たな取り組みのひとつひとつを取り上げることができなかったのは心残りだ。だからこそ、ぜひ全国大会の会場に足を運んで、一度彼らの言葉を聞いてみてほしい。いかに彼らが本気で取り組んでいるか、必ず感じるところがあるはずだ。きっと私同様、未来を信じられる気になるだろう。

この本を世に出すことが出来たのは無論居酒屋甲子園のみなさんのご協力あってのことであるが編集を担当してくださった筑摩書房の田中尚史氏のお力添えのおかげである。居酒屋甲子園の若者たちに寄り添いながら、資料を読み漁り、12回にわたる大会のDVDを全て見、私の取材テープを全て耳に入れ、彼らの幾つかの集会にも同行してくれた。誤解を恐れずに言うならば、彼もまた居酒屋甲子園の若者へのシンパシーによって私を支えてくれたと思う。ありがとうございました。

なお、本文中の敬称は略させていただいた。

「共に」の精神は人間を素の状態にするし、ワクワク楽しんでしまう状態にするようだ。
私もこの本で面白がる生き方を学んだ。

２０１８年８月

桑原才介

❖参考文献

大嶋啓介『スタッフの夢とやる気に火をつける！ てっぺん！の朝礼』（日本実業出版社、２００７年）
大嶋啓介『すごい朝礼――たった15分の習慣で人生が変わる』（現代書林、２０１４年）
ひすいこたろう、大嶋啓介『前祝いの法則――日本古来 最強の引き寄せ「予祝」のススメ』（フォレスト出版、２０１８年）
武長太郎『20歳で起業した僕の会社がやっと20歳になりました』（幻冬舎、２０１８年）
河合隼雄『心理療法対話』（岩波書店、２００８年）
スタン・ビーチャム『エリート・マインド「勝ち抜く」力！――一瞬で自分を「勝者」に変える法』（ムーギー・キム監訳、熊谷小百合訳、日本文芸社、２０１７年）
村上龍『希望の国のエクソダス』（文藝春秋、文春文庫、２００２年）
千葉哲幸『外食入門』（日本食糧新聞社、２０１７年）

居酒屋甲子園

大会の軌跡

第1回

優勝店舗

憲晴百

熊本県熊本市中央区花畑町 13 － 12 栄ビル

どんな大きなチェーン店も最初の一店舗から始まるが、熊本の憲晴百はまさに12坪22席、たった一店舗の居酒屋だ。30歳で脱サラをし、妻と生まれたばかりの子を実家に残し、この居酒屋に熱い夢を賭けた男が、何のシステムも仕組みもなく、ただひたすらに真っ直ぐに突っ走り、情熱と夢と想いだけでこのステージに駆け上がり、そして日本一に――。特別なことではなく、当たり前のことを毎日実直に積み重ね、お客様に感動を提供しよう。そんなオーナーの熱い想いやお店の活気に仲間が集まり、彼ら自身の夢を持ち始める。居酒屋の夢、原点とはこういうものなのかもしれないと、夢を持ち続け、想い続ければ叶うのだということを強烈に教えてくれた、素晴らしいプレゼンだった。

決勝大会進出店舗

香香颱風

北海道札幌市北区北６条西２パセオ東口 1F

合点 本厚木店

神奈川県厚木市泉町２－９ 成都ビル 2F

喰処 ばぁ 幸

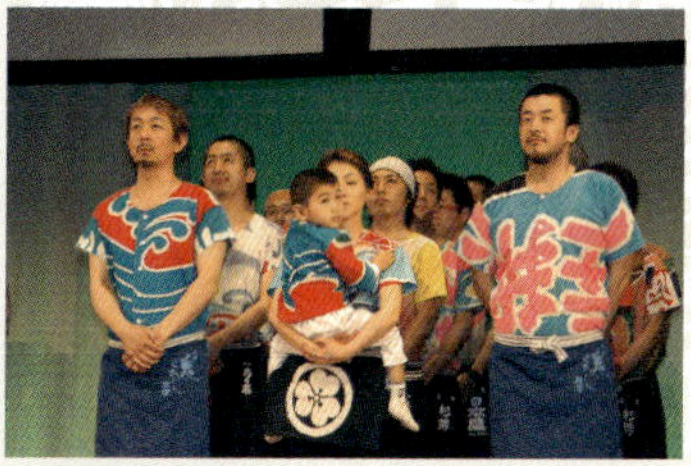

静岡県榛原郡吉田町住吉 3566 －２

いなせ寅゛衛門

愛知県一宮市栄 873

大会概要

居酒屋から日本を元気にしたいという全国の同志によって、会社の枠を超えて開かれた「業界初」、他業界でもあまり例のないイベント。まさに挑戦だった。

開催年月日	2006年2月9日	来場者数	約2,000人
参加店舗数	236店舗	サポーター企業数	60社
開催会場	日比谷公会堂（東京）	テーマ	夢／挑戦

第2回

優勝店舗

いなせ寅゛衛門

愛知県一宮市栄873

２年連続で壇上へ選出された「いなせ寅゛衛門」は、創業当時から「日本一」の居酒屋を夢として掲げていた。第1回大会で果たせなかった悔しさを更なる力に変え、リベンジとなった第2回大会は、スタッフ全員でお祝いをするお客様バースデーイベントの工夫に加え、スタッフ一人一人が仕事を通じてあらためて感じた両親への感謝の想いを訴え、会場に感動の涙が溢れた。スタッフ全員で行われる一糸乱れぬ魂の朝礼は、今回も会場中に衝撃をもたらし、彼らの一言一句には、本気で伝えようとする覚悟がみなぎっていた。日本一という夢に向かって挑戦し続け、大会テーマである「ありがとう」を全身で表現した「いなせ寅゛衛門」のその姿勢は、多くの人に気づきと学び、そして大きな勇気を与えてくれた。

決勝大会進出店舗

東洋酒家 **はなれ**

群馬県高崎市飯塚町 343－1

くふ楽 本八幡店

千葉県市川市八幡 2－13－17

合点 本厚木店

神奈川県厚木市泉町 2－9 成都ビル 2F

雑菜

兵庫県神戸市　→　統合*

永遠の縁卓

広島県広島市南区段原南 1－18－1

＊統合は、店名の変更と他店との統合を意味する（以下同）

大会概要

前回とくらべ参加店舗数は約 3 倍。決勝大会の会場を 5000 名収容のパシフィコ横浜に移して開催された。決勝大会当日には 800 名規模の大交流会も開かれた。

開催年月日	2007年3月13日	来場者数	約5,000人
参加店舗数	739店舗	サポーター企業数	86社
開催会場	パシフィコ横浜	テーマ	ありがとう／拡大・認知

優勝店舗

第3回

HERO 海

熊本県熊本市中央区手取本町4－1 大劇会館 B1F（移転後住所）

熊本県熊本市にある「HERO海」は、開店から9カ月にして日本一に輝いた。天草諸島にある小さな港町牛深に生まれたオーナーは、牛深で採れた美味しい魚をもっと多くの人に食べてもらいたいという強い想いで必死にお金を貯め、「HERO海」を創業。そんなオーナーの熱い想いに心動かされた同じ牛深出身の幼馴染4人は、それまでの生活をなげうち、その想いに賭けようという決意をもって集まってきた。その絆には、何よりも故郷を愛する純粋な想いと、仲間への深い愛を感じた。彼らのプレゼンからは、この故郷への強い想いこそがお客様に伝わり、お客様に愛される店になるのだと教えてくれた。過疎化の進む故郷のヒーローになろうと名付けた店名も、どんな困難が立ちはだかろうとも乗り越えていこうとする彼らの姿勢も、会場の人々へ大きな感動を届けてくれた。

決勝大会進出店舗

憲沙百

熊本県熊本市中央区安政町6－4

おうげん

埼玉県新座市東北2－39－24サンモール桐1F

炙一丁寅゛衛門

愛知県一宮市栄3－7－17

いろり家 東銀座店

東京都中央区銀座3－11－11参番館Ⅱ B1F

花 trip

北海道札幌市中央区南3条西1丁目2－1

大会概要

より学びや気づきの多い総合イベントとして「居酒屋から日本を元気にするセミナー（主催：居酒屋甲子園）と「居酒屋産業展」（主催：居酒屋産業展実行委員会）を同時開催。

開催年月日	2008年8月20日	来場者数	約5,000人
参加店舗数	770店舗	サポーター企業数	87社
開催会場	パシフィコ横浜	テーマ	成長

第4回

優勝店舗

創作和洋ダイニング OHANA 刈谷店

愛知県刈谷市桜町1－53

OHANA 刈谷店は30坪、53席の店。「OHANA」という店名はハワイの言葉で「家族・大切な人」を意味するという。その名のとおり、かかわるすべての人を大切にし、「みんなの笑顔を見たい」との一心で多くの取り組みをしていることがうかがえた。ウェルカムシート、オーナーによるマジックの演出、漁師町ならではの名物メニューや0円メニュー、その取り組み一つ一つには笑いだけではなく細部にまでこだわりを感じた。大家族をつくりたいと願うオーナーの想いに、心から賛同して集まったスタッフの絆の強さ、そしてお客様や業者様にも身内のような応援を受けている様子は、写真や映像でも伝わってきた。従業員の夢が一つずつかない、お客様の笑顔が一つずつ増えていく。そんなエピソードの数々はたくさんの希望と感動を与えてくれた。

決勝大会進出店舗

居酒屋
夢のや 相生店

群馬県桐生市相生町2－494－36

てっぺん
渋谷女道場

東京都渋谷区宇田川町41－23 第二大久保ビル1F

原始炭焼
いろり家 東銀座店

東京都中央区銀座3－11－11 参番館Ⅱ B1F

創作居酒屋 **花と竜**

福岡県北九州市若松区本町3－6－28

琉球茶房 **あしびうなぁ**

沖縄県那覇市首里当蔵町2－13

大会概要

2代目理事長として高橋英樹が就任した最初の大会。全国を6エリアに分け、各エリアの1位が決勝進出する方式に変更した。

開催年月日	2009年8月19日	来場者数	約5,000人
参加店舗数	1,103店舗	サポーター企業数	86社
開催会場	パシフィコ横浜	テーマ	深耕・本質追求

第5回

優勝店舗

いざかや 炎丸 亀戸店

東京都江東区亀戸2－26－6

「いざかや炎丸 亀戸店」は東京都江東区にある。「人に貢献し続ける集団たれ」という経営理念のもと、笑い楽しみながら人の喜びを追求。顧客ノートを使って常連客の情報を共有し、距離の近い接客でお店のファンを増やし、常連客からスタッフへという、じつに効率的な採用につなげている。「感動はひたすらの努力のあとに」という考えのもと、サービスの達人では守りの接客と攻めのホスピタリティで学び、料理の鉄人では料理コンテストを行い、また商品の知識力向上の筆記テストなど、スタッフが楽しみながら学べる環境をつくっている。どんな困難も笑いに変える強さをもち、仲間と一緒に乗り越えてゆける環境をつくり、仲間の夢を叶えていこうというオーナーの決意と覚悟が言葉の端々から伝わってきた。終始、楽しさという居酒屋の醍醐味を体感させてくれる素晴らしいプレゼンだった。

決勝大会進出店舗

焼肉居酒屋
紅志

北海道帯広市 → 閉店

本気家 **源天**

栃木県下野市川中子 3328 − 2

味な隠れ家
たのしや哲

長野県長野市南千歳 2 − 15 − 19 南千歳信濃ビル 1F

かわちどん
ガスプラザ店

愛知県名古屋市北区黒川本通 2 − 17 黒川ガスプラザ B1F

おるげんと
下通店

熊本県熊本市中央区下通 1 − 11 − 2

大会概要

居酒屋産業展と日程が合わず単独開催となったが、全国各地の地区勉強会の交流を兼ねた「居酒屋サミット」を名古屋で開催。地域に目を向ける活動の大きな一歩となった。

開催年月日	2010年9月30日	来場者数	約4,680人
参加店舗数	1,129店舗	サポーター企業数	89社
開催会場	パシフィコ横浜	テーマ	RESPECT LOCAL

第6回

優勝店舗

居心地屋 螢 上人橋店

福岡県福岡市 → 統合

「居心地屋 螢 上人橋店」は、福岡県の福岡市にある50席の店だ。店名は、蛍のようなあたたかな光で、周りを明るく照らしたいという想いからつけられた。「BE HAPPY（幸せになろう）」という企業理念のもと、スタッフ一人一人が心からお客様や仲間の幸せのために何ができるかを考え、実践する姿は、サービス業の原点を感じさせてくれた。年間1000件もの予約が入るというサプライズは、お客様全員にすべて異なるメッセージプレートを用意し、サプライズする側にもされる側にも喜ばれる仕掛けを演出。その根底には、大切な人を想い、幸せを願う料理だからこそ美味しい料理となり、忘れられない味となるとの信念がある。心から楽しそうに働いていれば、子どもたちのヒーローに、子どもたちの憧れの職業になれるのだという主張に深くうなずかされるプレゼンだった。

決勝大会進出店舗

心に花を咲かせる一軒家
サチの家

北海道札幌市　→　統合

魚串炙縁

東京都豊島区池袋3－59－9 FSビル1F

とんかつ・居酒屋
じらいや 御代田店

長野県北佐久郡御代田町御代田2437－3

かわちどん 黒川本家

愛知県名古屋市北区黒川本通4－45

肴や **だんじ**

福岡県福岡市博多区博多駅前2－11－22

大会概要

3代目理事長・松田真輔に交代し、理事を大幅に交代。新しいスタートを切った直後に東日本大震災に見舞われ、延期を余儀なくされたが、全国都道府県からの参加を達成した。

開催年月日	2011年11月15日	来場者数	約5,000人
参加店舗数	1,369店舗	サポーター企業数	108社
開催会場	パシフィコ横浜	テーマ	リアル・本質追求

優勝店舗

第7回

居心地屋　螢　上人橋店

福岡県福岡市　→　統合

大会史上初の連覇を達成。この第7回では、相手を思いやる心がいかにさまざまな出会いや気付きにつながるかを教えてくれた。東北の牡蠣の生産者の想いを届けるため、お客様のテーブルをまわるワゴンサービスを展開。食材の美味しさを活かした食べ方の提案で復興支援以上のストーリーづくりを心がける。また、地域支援として高校生レストランの立ち上げを手伝ったことは、生徒の成長を促すとともに、支援したスタッフ自身の気付きへもつながったという。いずれもまさに「共に学び、共に成長し、共に勝つ」ことの意味を強く感じさせた。高校生の力強いスピーチは、飲食業が子どもたちの夢になりうる未来を感じさせ、多くの居酒屋人たちに希望を与えてくれた。身の回りにある大切なものに気づかせてくれた素晴らしいプレゼンだった。

決勝大会進出店舗

心に花を咲かせる酒蔵
もんきち商店

北海道札幌市白石区東札幌２条６丁目４－11

呑処 弦

茨城県鹿嶋市鉢形台２－18－５

もぢょい有限会社
幕張本郷店

千葉県千葉市花見川区幕張本郷６－26－10　第５きのえビル 1F（移転後住所）

炎丸酒場 五反田店

東京都品川区西五反田２－18－３ グレイス五反田 102

魚沼釜蔵
総本店

新潟県南魚沼市六日町 105－1 サンプラザビル 2F

大会概要

各地区の１位というだけでなく、地区大会という方式で決勝大会への道のりをつくった。店長にスポットを当てた「店長認定制度」を開始。

開催年月日	2012年11月15日	来場者数	約5,000人
参加店舗数	1,320店舗	サポーター企業数	92社
開催会場	パシフィコ横浜	テーマ	「らしさ」の追求

第７回　地区大会優勝店舗

これまでは各ブロックごとの予選であったが、
この第7回大会から各地区で地区大会が開催され、
そこで優勝を決めることとなった。
第7回は複数店舗が選出され、最終審査に進んだが、
第8回以降は各地区とも最優秀1店舗が選出されることになる。

呑処
弦

北関東地区

茨城県鹿嶋市鉢形台２－18－５

居酒屋
安兵衛

東北地区

福島県郡山市大町１－３－12

心に花を咲かせる酒蔵
もんきち商店

北海道地区

北海道札幌市白石区東札幌２条６丁目４－11

牛もつと大衆鉄板料理
炎丸酒場 五反田店

関東地区

東京都品川区西五反田２－18－３ グレイス五反田 102

ろばた焼き
絶好調てっぺん 新宿店

関東地区

東京都新宿区歌舞伎町１－２－６ 三経 55ビル 9F

もぢょい有限会社
幕張本郷店

関東地区

千葉県千葉市花見川区幕張本郷６－26－10　第５きのえビル 1F（移転後住所）

炭火焼肉
すぎ乃くら 七宝本店

東海地区

愛知県あま市七宝町沖之島九之坪112

おはな〜はなれ〜

東海地区

愛知県刈谷市中山町4－44－3

魚沼釜蔵
総本店

北陸甲信越地区

新潟県南魚沼市六日町105－1 サンプラザビル 2F

四季菜食
えびす坐

中四国地区

広島県広島市中区胡町6－9 フレンドビル 2F

火の鳥
花園本店

関西地区

大阪府大阪市西成区花園南1－6－16

彩菜旬鮮 **遊遊**
堺筋本町店

関西地区

大阪府大阪市 → 統合

旅風居酒屋
一伍屋

九州地区

福岡県福岡市中央区大名1－2－29

居心地屋
螢 上人橋店

九州地区

福岡県福岡市 → 統合

海鮮酒場
よかうお

九州地区

福岡県福岡市早良区西新5－1－12－2F

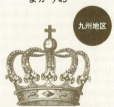

第8回

優勝店舗

渋谷道玄坂
DRAEMON

東京都渋谷区渋谷 1 − 25 − 6 渋谷パークサイド共同ビル B1F
(移転後住所)

渋谷道玄坂 DRAEMON は、東京の飲食激戦区にある。数々の店舗での取り組みを漫才形式でユニークに表現してくれたが、店作りで何よりも大切にしているのが「空気感」というだけあり、とにかく楽しく、笑顔の溢れるプレゼンだった。いま喜ばれてる商品をもっと喜ばれる商品にするべく取り組んだ「二倍の法則」や、お客様を驚かす「下心プレゼント」、「笑顔、笑声、笑動」や「DRAEMON 学校」などのサービス教育の仕組み。

いずれもすぐにでも実践できる取り組みばかりというところも素晴らしい。それだけではなく、どんなに失敗や弱さがあっても、あきらめずに受け入れてくれる店の雰囲気があり、共に夢を追いかけ、成長していこうという仲間の絆があり、日本のホスピタリティを世界に発信していこうとの宣言に至るプレゼンは、飲食業としての誇りを感じさせてくれた。

全国大会進出店舗

串焼家 夢丸 相武台前店

神奈川県座間市相武台１－4509 相武台センタービル 2F

かわちどん 黒川本家

愛知県名古屋市北区黒川本通４－45

満天酒家 あかぼし

広島県福山市松永町４－11－14

居酒屋 てんてん

大阪府堺市北区船堂町１－14－２

大会概要

４代目理事長・山根浩揮の下、全国 11 地区大会に拡充。決勝大会は全国大会と名前を変え、11 の地区優勝店舗から５店舗が進出することになった。サポーター会が発足。

開催年月日	2013年11月12日	来場者数	約5,000人
参加店舗数	1,392店舗	サポーター企業数	106社
開催会場	パシフィコ横浜	テーマ	MORE RESPECT LOCAL

全国優秀店長・代表

第8回大会より「店長認定制度」が発足。
「志と成果を残せる店長」として覆面調査ならびに書類審査によって、
SS･S･AA･Aの4クラスが認定される。この第8回大会より、
認定された店長から代表2名を選出し、壇上で紹介することとなった。

田中聡
（北関東地区　地中海酒場 SoleSole　群馬県前橋市天川大島町３－36－5）
出勤から退勤までスタッフのモチベーションを維持するストーリーづくり

真田竜輔
（関東第１地区　もう一つの家　一歩一歩　東京都足立区千住３－53　2F）
スタッフに理念を実感してもらい、人間力を磨くための３ステップ

第８回　地区大会優勝店舗

地中海酒場
SoleSole

群馬県前橋市天川大島町３－36－５

いぎなし　なま粋
和中ハイボール酒場

宮城県仙台市青葉区国分町２－７－１　OH3 番館ビル　1F

心に花を咲かせる酒蔵
もんきち商店

北海道札幌市白石区東札幌２条６丁目４－11

居酒屋ぼんど
新大前店

新潟県新潟市西区大学南２－１－８

串焼家　夢丸
相武台前店

神奈川県座間市相武台１－4509 相武台センタービル 2F

渋谷道玄坂
DRAEMON

東京都渋谷区渋谷１－25－6
渋谷パークサイド共同ビル B1F
（移転後住所）

満天酒家
あかぼし

広島県福山市松永町４－11－14

居酒屋てんてん
北花田本店

大阪府堺市船堂町 131－２エレガンス北花田 1F

かわちどん
黒川本家

愛知県名古屋市北区黒川本通４－45

ごちそう居酒屋　亀千人
サザンヒル店

沖縄県島尻郡　→　統合

ともすけ

福岡県筑紫野市二日市中央６－３－21 吉田ビル 1F

優勝店舗

感動のもつ鍋処
陽はまたのぼる 府内店

大分県大分市府内町 3－1－25 山口ビル 2F

「感動のもつ鍋処 陽はまたのぼる 府内店」は、大分県大分市にある25席の店。過疎化が進んでいる地元を活性化させようと、地元出身者の若者たちで立ち上げた。地域の農産物をふんだんに使い、地域の文化を活用、また地域のイベント情報を周辺地域へ宣伝・発信するなど、自分たちに出来る地域活性に一生懸命に取り組む姿勢は、次世代の若者たちによって地域から日本を元気にする試みとして、「モアリスペクトローカル」につながる学びと気づきがあった。共に竹田の町で育った同級生9人が、竹田を愛する想いでつながり、応援してくださる地域の方々や両親の力添えへあらためて感謝しつつ、地元への誇りを力強く発表する彼らの姿には、観客も勇気と刺激を与えられた。

全国大会進出店舗

グラスワインと折衷料理
土龍

宮城県仙台市青葉区一番町４－５－２

にぎりの一歩

東京都足立区千住３－52（移転後住所）

Soi

新潟県新潟市中央区万代１－２－６

炙一丁

愛知県一宮市栄３－７－17

大会概要

外食を通じて「食」とふれあえる場、地域活性へのあらたな試みとして「居酒屋大サーカス」を発足。第１回を熊本にて開催した。

開催年月日	2014年11月11日
参加店舗数	1,328店舗
開催会場	パシフィコ横浜
来場者数	約4,000人
サポーター企業数	104社
テーマ	かくしん ―― 地域から日本を元気に!

全国優秀店長・代表

柳澤睦
（北陸甲信越地区　飲食処ばんや　長野県諏訪市大手２－１－４）

お店活性化ノートを使ってスタッフが主体的に行動できる環境をつくる

田村辰彦
（関西地区　和歌山ちゃんぽん忠治郎　和歌山県和歌山市太田２－13－９）

情報共有と意見交換をスムーズにしてスタッフに「考える力」をつける

第９回　地区大会優勝店舗

鉄板職人ちゃんちゃら
古河店

茨城県古河市上辺見 3093－3

グラスワインと折衷料理
土龍

宮城県仙台市青葉区一番町４－５－２

串もん酒もん粋なもん
ちょびぞう

北海道北見市光西町 182－１
パルウォーク 1F

Soi

新潟県新潟市中央区万代1－2－6

産地直送×地産地消
EN 別邸 中央林間店

神奈川県大和市中央林間4－5－9

にぎりの一歩

東京都足立区千住3－52（移転後住所）

てまひまや

広島県広島市中区袋町6－3 ジーラビル1,2F

遊食彩宴居酒屋
Jambo 家 鳳店

大阪府堺市 → 統合

炙一丁

愛知県一宮市栄3－7－12

キングオブチキン

鹿児島県鹿児島市東千石町2－8円ビル2F

感動のもつ鍋処
陽はまたのぼる 府内店

大分県大分市府内町3－1－25山口ビル2F

第10回

優勝店舗

燕三条イタリアン Bit

新潟県新潟市中央区新島町通１ノ町1977

燕三条イタリアン Bitは、新潟県新潟市にある56席の店。「お客様を熱狂させること。燕三条を発信すること」をコンセプトに、オーナーの出身地である燕三条の洋食器や工芸品の数々と飲食とを見事にコラボレーションさせた。地域の文化に付加価値をつけ、飲食を通して魅力を体感してもらう取り組みの数々は、飲食店ができる地域貢献への可能性の幅を広げるものとして大きな気づきと学びを与えてくれた。「シンクグローバリー、アクトローカリー」。世界基準で物事を考え、飲食を通して地域を世界に誇れる街にするというビジョンに沿った人材育成にも、挑戦し続ける姿勢を感じた。「ほんの少しでも」美味しく食べてもらいたい、良いものを創りたいというクラフトマンらしい飽くなき向上心、一流を目指しつづける姿からは、飲食人としての誇りを強く感じさせてくれた。

全国大会進出店舗

炭焼厨房 **炎家**

神奈川県相模原市南区東林間5－3－3

かわちどん 黒川本家

愛知県名古屋市北区黒川本通4－45

火の鳥 天下茶屋店

大阪府大阪市西成区岸里1－2－12

感動のもつ鍋処
陽はまたのぼる 竹田本店

大分県竹田市竹田町259

大会概要

5代目理事長に大谷順一が就任。記念すべき第10回のテーマは、この先10年のビジョンとして「かっこいい地元」を世界に発信するという壮大な構えを示してみせた。

開催年月日	2015年11月10日	来場者数	約4,500人
参加店舗数	1,482店舗	サポーター企業数	120社
開催会場	パシフィコ横浜	テーマ	COOL LOCAL

全国優秀店長・代表

加藤秀太

（東海地区　名古屋名物味噌とんちゃん屋 甚目寺ホルモン　愛知県あま市森５－３－13）

地域イベントに積極的に参加し、ファミリー層に浸透する店づくり

渡辺真一

（関東第２地区　稲毛海岸北口の串屋横丁　千葉県千葉市美浜区高洲１－22－22 江尻ビル 2F）

評価を明確にし、スタッフ同士が学び合うしくみで定着率を上げる

第 10 回　地区大会優勝店舗

炉端道
えんてんか

栃木県栃木市平柳町１－15－８

やきとり大吉
いわき平店

福島県いわき市平大町４ 丸亀ビル 1F

北海道産直ビストロ
SACHI 新さっぽろ店

北海道札幌市厚別区厚別中央２条５丁目３－１ワイエスビル 1F

燕三条イタリアン
Bit

北陸
甲信越
地区

新潟県新潟市中央区新島町通1ノ町1977

炭焼厨房
炎家

関東
第２地区

神奈川県相模原市南区東林間5－3－3

ろばた翔

関東
第１地区

東京都新宿区西新宿1－4－11 宝ビル B1F

夢の家
HANARE

中四国
地区

愛媛県松山市三番町3－1－14 吉田ビル 1F

火の鳥
天下茶屋店

関西地区

大阪府大阪市西成区岸里1－2－12

かわちどん
黒川本家

東海地区

愛知県名古屋市北区黒川本通4－45

和風酒処
おるげんと 帯山店

九州
第２地区

熊本県熊本市中央区帯山6－1－25

感動のもつ鍋処
陽はまたのぼる 竹田本店

九州
第１地区

大分県竹田市竹田町259

第11回

優勝店舗

旬海佳肴　一家

新潟県新潟市中央区東大通１－11－３ シングルイン第２ 1F

旬海佳肴一家は「新潟を元気に！」という理念のもと、「鮮魚・水・米・酒」という新潟ならではの価値を伝えるために、真面目に日本の和食文化と向き合い、シンプルでも真似できないものを追求してきた。「魚学」で魚の扱い方の知識と技術を徹底的に学び、さらに食材を一切無駄にせず、普通は捨てられてしまう部位にも工夫を加えて商品化するなど、手間を惜しまず一品一品に拘り抜くその姿は、食材への感謝、板前としてのレベルの高さと覚悟を感じた。また「地元の宝物に気づけば、地域活性化につながる」という想いのもと、新潟の食文化を海外でもプレゼンするなど、食を通じて地域の魅力を世界へ発信している。食のチカラを信じ、プロとしての魂を込めた価値ある料理をつくりつづけようという、料理人としての原点を思い出させてくれる、素晴らしいプレゼンだった。

全国大会進出店舗

北海道産直ビストロ
SACHI 大通り店

北海道札幌市中央区南３条西２丁目７－１ 1F

炭火焼肉すぎ乃くら
七宝本店

愛知県あま市七宝町沖之島九之坪 112

旬菜酒場 菜でしこ
長浜本店

滋賀県長浜市 → 統合

産地直送仲買人
目利きの銀次 新都心店

沖縄県那覇市天久１－９－19

大会概要

前回大会につづき「クールローカル」を掲げた本大会は、新潟からの代表店舗が連覇を遂げた。地域を代表するという誇りが根付いてきたことを感じさせた。

開催年月日	2016年11月15日
参加店舗数	1,679店舗
開催会場	パシフィコ横浜
来場者数	約4,200人
サポーター企業数	141社
テーマ	COOL LOCAL ――次なる挑戦

全国優秀店長・代表

阿佐美大輔
（北関東地区　炉端 BISTRO ソーレマン　群馬県高崎市八島町 28 － 1 － 2）

オマール釣りからじゃんけん大会まで、お客様参加型イベントを充実

内藤史弘
（東海地区　台所屋一軒目　静岡県藤枝市駅前 1 － 2 － 5）

ハガキを駆使して、既存顧客が再来店しやすい関係をつくる

第 11 回　地区大会優勝店舗

炎家 HANARE みのる

埼玉県所沢市松葉町 17 － 5
松本マンション 2F

吟醸料理・酒
ゆめぜん 須賀川店

福島県須賀川市中町 36 － 1

北海道産直ビストロ
SACHI 大通り店

北海道札幌市中央区南 3 条西
2 丁目 7 － 1　1F

旬海佳肴 一家

新潟県新潟市中央区東大通1－11－3シングルイン第2 1F

稲毛海岸北口の
串屋横丁

千葉県千葉市美浜区高洲1－22－22江尻ビル2F

Azzurro520
-canale de terrazza-

東京都港区芝浦3－19－17
アンビエンテ芝浦 2F

旬菜酒場
菜でしこ 長浜本店

滋賀県長浜市 → 統合

火の鳥
花園本店

大阪府大阪市西成区花園南1－6－16

炭火焼肉 すぎ乃くら
七宝本店

愛知県あま市七宝町沖之島九之坪112

産地直送仲買人
目利きの銀次 新都心店

沖縄県那覇市天久1－9－19

串焼
まつすけ 大名本店

福岡県福岡市中央区大名1－10－6日宝サンセーヌ大名1F

袋町キッチン

広島県中区袋町6－53 2F

第12回

優勝店舗

三好屋商店酒場
深谷店

埼玉県深谷市西島町３－１－２スカイハイツ106

「三好屋商店酒場 深谷店」は、「深谷駅前元気印計画発信店」というコンセプトを掲げ、楽しいところに人は必ず集まるという信念で、街の人が気軽についい立ち寄ってしまいたくなる場を目指した店づくりを追求してきた。「じゃんけんハイボール」や「地元中（学）ハイボール」など、お客様を楽しませながらも、新人でもお客様とのコミュニケーションがすぐにとれるような店舗運営や、新任店長でも新人教育がスムーズにできるよう「5DAYS」や「ななお君」といったキャラクターを上手に使って伝える教育ツールを構築し、人づくりに力を入れる。商圏の狭いローカルならではの強みを活かし、仲間と地域の人たちと楽しみながら共に活きていこうとするあり方は、地域活性化の新しい発想をもたらし、ローカルで戦う居酒屋に大きな自信と誇りを与えてくれた。

全国大会進出店舗

DAN-CHICKEN-DAN 町田店

東京都町田市原町田４－10－18 MSM町田ビル 2F

和歌山ちゃんぽん 忠次郎

和歌山県和歌山市太田２－13－９

ベジテジや 四条烏丸店

京都府京都市下京区綾小路通室町西入善長寺133

レストランカフェ ウト・ウーク

徳島県阿南市橘町北新田１－２

大会概要

６代目理事長・細川雄也が就任。１次・２次予選となる覆面調査の調査項目や地区大会での審査項目も見直され、参加店舗のチーム力の向上につながるよう工夫された。

開催年月日	2017年11月14日	来場者数	約4,500人
参加店舗数	1,756店舗	サポーター企業数	146社
開催会場	パシフィコ横浜	テーマ	COOL LOCAL ── 求芯力

全国優秀店長・代表

西川貴雄
(関東第１地区　やきとりにしだ屋 井荻店　東京都杉並区上井草１－30－17)

スタッフの大きな声の私語で生み出すお客様との適度な距離

宮川啓人
(九州第１地区　天神じゃんぼ　福岡県福岡市中央区天神１－12－３天神町木村家ビル 3F)

宴会満足度を上げることで一般来店につなげた店舗再生の奇跡

第 12 回 地区大会優勝店舗

三好屋商店酒場
深谷店

埼玉県深谷市西島町３－１－2

ジーノクラシック

宮城県仙台市青葉区一番町４－３－１菅原酒店ビル 2F

和み dining 笑琉

北海道札幌市東区東苗穂六条３丁目５－１ 浅井ビル 2F

和．伊．の台所
五十八

新潟県新潟市中央区弁天３－１－21　菊池第１ビル　3F

塩ホルモン・モツ鍋・ハイボール
肉の寅屋 総本店

神奈川県藤沢市湘南台２－１－１ ペアシティ湘南 103

DAN-CHICKEN-DAN
町田店

東京都町田市原町田４－10－18　MSM 町田ビル　2F

ベジテジや
四条烏丸店

京都府京都市下京区綾小路通室町西入善長寺 133

和歌山ちゃんぽん
忠次郎

和歌山県和歌山市太田２－13－９

かわちどん
ガスプラザ店

愛知県名古屋市北区黒川本通２－17　黒川ガスプラザ　B1F

ミラクルチキン野郎

鹿児島県鹿児島市東千石町２－８ 円ビル 1F

天神じゃんぼ

福岡県福岡市中央区天神１－12－３ 天神町木村家ビル　3F

レストランカフェ
ウト・ウーク

徳島県阿南市橘町北新田１－２

第 13 回　地区大会優勝店舗

大会概要

ウェブサイトをリニューアルし、優秀店長の取り組み事例などが動画で配信されるように。居酒屋甲子園自体の発信力も向上し、細川理事長２年目の大会を迎える。

開催年月日	2018年11月13日	来場者数	約5,000人
参加店舗数	1,766店舗	サポーター企業数	141社
開催会場	パシフィコ横浜	テーマ	COOL LOCAL ──求芯力

タン・シャリ・焼肉
たんたたん 武蔵浦和

北関東地区

埼玉県さいたま市南区別所７－１－16

活魚とわら焼き
地雷也

東北地区

青森県青森市本町１－５－５ コーポレーション直 1F

港町酒場 **もんきち商店**
白石店

北海道地区

北海道札幌市白石区東札幌２条６丁目４－11

ベジテジや
Soi 新潟万代店

北陸
甲信越
地区

全国大会進出店舗

新潟県新潟市中央区弁天２－３－23 橋本ビル 1F

魚と酒 はなたれ
横浜東口店

関東
第２地区

全国大会進出店舗

神奈川県横浜市西区高島２－10－13 横浜東口ビル 1F 102

炉端焼き
一歩一歩

関東
第１地区

全国大会進出店舗

東京都足立区千住３－53

Beer&wine
石山 GRILL

関西
第２地区

全国大会進出店舗

滋賀県大津市粟津４－９　1F

火の鳥 花園本店

関西
第１地区

大阪府大阪市西成区花園南１－６－16

かわちどん 柏原店

東海地区

全国大会進出店舗

愛知県春日井市柏原町５－286

サンパチキッチン
下通店

九州
第２地区

熊本県熊本市中央区安政町５－21 クリスタルパレスビル

博多ほたる 西新店

九州
第１地区

福岡県福岡市早良区城西３－12－32

カルネバル
ビアンコ

中四国
地区

山口県宇部市中央町２－11－24

SOKOJIKARA
NIPPON

OKOJIKARA
NIPPON
底力ニッポン

有限会社スタジオムーン

株式会社 TILT

有限会社西川技建工業

保険

R & C 株式会社

一般財団法人あんしん財団　南東京支局

その他

ADEKA クリーンエイド株式会社

株式会社あゆむ

株式会社アルファ企画・アルファブックス

株式会社 WAVE8

株式会社 HJP Corporation

株式会社エードット

株式会社エコロジカルプレゼンツ

SMFL キャピタル株式会社

MGS 税理士法人

オザキエンタープライズ株式会社

株式会社オンザウェイ

株式会社仮屋

株式会社カンダ

株式会社クリーン・アウト

株式会社クレディセゾン

株式会社 GUNSHO

株式会社 K-51 インターナショナル

株式会社コムネット

スーツクリエーション

税理士法人横浜総合事務所

セブンライツ法律事務所

大鵬薬品工業株式会社

株式会社
東京タックスコンサルティング

博宣株式会社

株式会社ファイン・ラボ

FIELD 土香

株式会社メディアフラッグ

四葉タクシー有限会社

レゴリス株式会社

レンタルコネクトハシモト

FOR-REST 株式会社

株式会社ふじまつ

株式会社マツムラ酒販

株式会社マルヤマ

三好屋酒店

有限会社紫原酒店

株式会社明治屋

株式会社ヤスブン

株式会社やつや

株式会社わしづ

展示会

居酒屋産業展実行委員会

居酒屋 JAPAN 実行委員会

食品卸

アグリ・フーズ株式会社

岩田産業株式會社

株式会社魚壱

かいせい物産株式会社

株式会社牛一

株式会社札幌大成

株式会社 JEM

株式会社食一

株式会社新潟涌井

株式会社フーディソン

株式会社フードサプライ

株式会社北海道フードカンパニー

プライムミート株式会社

株式会社ミドー

ムロガ商事株式会社

食品メーカー

アイン食品株式会社

福島鰹 株式会社

丸眞株式会社

株式会社山口油屋福太郎

設計・設備

株式会社ミュープランニング

株式会社アイブリッジ

株式会社あかりプレイス

株式会社アリメント

有限会社大津冷凍工業

株式会社
シナジー・エンタープライズ

税理士法人　古田土会計

株式会社 Take Action

株式会社トモニコンサルティング

株式会社ドリームサクセス

株式会社ビーワンフード

ヒューマンアップ株式会社

株式会社 PLENZA

株式会社ラフテルズ

株式会社りんく

システム

hachidori 株式会社

株式会社 USEN

株式会社アプリラボ

株式会社インフォマート

株式会社エアネット

株式会社エーピーシーズ

グローバルカードシステム株式会社

株式会社 K&C ファクトリー

サクセスリンク株式会社

東芝テック株式会社

株式会社トレタ

株式会社ヒューネット

株式会社ユビレジ

酒販店

株式会社オーリック

有限会社アメヤ吉田酒店

泉屋酒販株式会社

株式会社いまでや

株式会社大坂屋

株式会社尾崎商店

株式会社カクヤス

片山商事株式会社

株式会社カネサ藤原屋

株式会社河内屋

サンノー株式会社

大海酒販株式会社

株式会社谷口

中山株式会社

株式会社名畑

新潟長谷川屋

株式会社饒田

第13回サポーター企業リスト

（平成30年6月末日現在）

総合支援

株式会社ぐるなび

株式会社リクルートライフスタイル

株式会社 ROI

リードブレーン株式会社

求人

株式会社マイナビ

株式会社リクルートジョブズ

ディップ株式会社

株式会社アドプランナー
ホールディングス

株式会社シグナル

FUN to FUN 株式会社

飲料メーカー

アサヒビール株式会社

キリンビール株式会社

サッポロビール株式会社

サントリー酒類株式会社

八海醸造株式会社

青木酒造株式会社

有限会社イーシステム
茶葉茶本舗

株式会社喜多屋

コカ・コーラボトラーズジャパン
株式会社

株式会社財宝

薩摩酒造株式会社

高橋酒造株式会社

宝酒造株式会社

滝澤酒造株式会社

辰馬本家酒造株式会社

株式会社泥亀

萬世酒造株式会社

若潮酒造株式会社

コンサルティング

アチーブメント株式会社

株式会社 MS & Consulting

シイエスピーク株式会社

著者略歴

桑原才介（くわばら・さいすけ）

1940年東京生まれ。外食産業コンサルタント。株式会社クワケン（桑原経営研究所）代表取締役。早稲田大学文学部中退後、ホテル、レストランでの勤務を経て、商業施設の企画開発へ進出、多くの商業飲食施設の開設に携わる。外食産業におけるトレンド分析、業態開発の第一人者として、日経新聞を中心に、経済誌・業界誌に寄稿してきた。著書に『繁盛する店が美味しいのだ』(商業界)、『六本木高感度ビジネス』(洋泉社)、『「都市ごころ」を読め』（TBSブリタニカ)、『高快度店を創る』（世界文化社）などがある。

居酒屋《いざかや》甲子園《こうしえん》の奇跡《きせき》 ―― この若者《わかもの》たちはなぜ元気《げんき》なのか

2018年10月31日　初版第1刷発行

著　者　桑原才介

発行者　喜入冬子

発行所　株式会社　筑摩書房

東京都台東区蔵前2-5-3　郵便番号111-8755

電話番号03-5687-2601（代表）

装幀者　TYPEFACE（AD：渡邊民人＋D：清水真理子）

本文DTP　山中央

印刷・製本　三松堂印刷株式会社

ISBN978-4-480-81849-2　C0063